毎日をいい日にする！

「感謝」のコツ

「日《にち》々《にち》是《これ》好《こう》日《じつ》」の生き方

植西聰
Akira Uenishi

PHP

まえがき

「日々是好日《にちにちこれこうじつ》」という言葉があります。

「一日一日を良い日としていく。それが、幸福で充実した人生につながっていく」という意味です。

一般的によく使われている言葉ですが、その語源は禅にあるのです。

ある禅の師匠が、弟子たちを集めて、「これから先、十五日間は、どのような日になると思うか、一言で言ってみなさい」と問いました。

しかし、そう言われても、これから先のことなど、どうなるかわかりません。

明日には、どのようなことが起こるかわからないのです。

ですから、弟子たちは皆、何も答えられないまま黙っていました。

すると、その禅の師匠はみずから、「日々是好日」と述べました。

もちろん、この師匠にしても、これから先の十五日間には何が起こるかはわからなかったのです。

実際に、良いことが起こる日もあるでしょう。

しかし、反対に、悪いことがある日もあるかもしれません。

思いもよらなかった災難に見舞われる日もあるかもしれません。

雨が降って、楽しみにしていた外出の行事を中止にせざるをえない日もあるかもしれないのです。

しかし、何が起ころうとも、そこで動揺したり、落ち込んだりすることなく、「今日という日を良い日にできるように、感謝して生きていくことが大切だ。そうすれば、意識の持ち方も変わり、何か工夫したりすることもできる」ということを、この禅の師匠は伝えたかったのです。

実際に、「今日という日を良い日にしよう」という意識を持ち、また実践していけば、どのような日であれ「良い日」になるのです。

感謝の心があれば、「悪い日」など一日たりともなくなるのです。

従って、充実した楽しい人生、つまり「日々是好日」の生き方は、感謝の心からもたらされるのです。

この感謝の心を持って「日々是好日」を実践していくことは、もちろん禅の修行者のみならず、どのような人たちにとっても「人生の重要な指針」になると思います。

本書では、「具体的に、どのようにして一日一日を感謝して『良い日』にしていくのか。『日々是好日』を実践していくのか」、そのコツを様々な角度から解説しました。

人生というのは、一日一日の積み重ねです。

すなわち、**今日という日を大切にして、今日という日をできるだけ楽しい良い日にしていくことを心がけることで、一日一日の積み重ねである人生というものがすばらしいものになっていくのです。**

そういう意味で、本書が、今日という日を良い日にするために少しでも役立つことができれば幸いです。

著者

装丁：一瀬錠二（Art of NOISE）

毎日をいい日にする！「感謝」のコツ　目次

第2章　物事を思い通りにしようと思わない

第3章 「二応《におう》の法則」で楽しく生きる

第4章　人のために「貢献」する生き方をする

第5章 「良いこと日記」を、日々つけていく

第6章 「少欲知足」で、満足して生きていく

第7章　計画を持って、一日一日を大切にしていく

第8章　「好奇心旺盛」に生きて、今日を良い日にする

第9章　楽天的になって、今日を楽しむ

第1章

「感謝する」ということを習慣にする

「感謝する」ことで、その人自身が幸せになっていく

「日々是好日《にちにちこれこうじつ》」の生き方を実践するには、「日々、色々なことに感謝することを忘れずに暮らしていく」ということが大切です。

「感謝する」ということは、その人に、すばらしい心理的な効果を与えます。

感謝する気持ちを持ち、また、感謝の言葉を口にするだけで、その人自身がとても幸せな気持ちになっていくのです。

何かに感謝することで、その日その日が「良い日」になるのです。

アメリカで、次のような心理学の実験がありました。

複数の被験者を「日々、感謝する時間を作ることを習慣にするグループ」と、「感謝する習慣を持たないグループ」に分けました。

そして、その後、意識調査をしたところ、「感謝することを習慣にするグループ」のほうが、「感謝する習慣を持たないグループ」に比べて、

＊幸福感が高まった。
＊気持ちがポジティブになった。
＊人に対してやさしくなった。
＊積極的に手伝うようになった。
＊よく眠れるようになった。
＊よく運動するようになった。
＊体の不調を感じることが少なくなった。

という結果が出たと言います。

この結果は、「感謝する」ということを習慣にすることで、日々を「良い日」にしていくことができる、ということを物語っているように思います。

感謝することで、その日が「良い日」になる。

「ありがとう」と言えば言うほど、良い一日になる

一日の生活の中で「感謝することがある」ということは、すばらしいことだと思います。

それは、言い換えれば、誰かが自分のために親切なことをしてくれた、ということなのです。

身近な人の誰かが、自分のことを思って努力してくれた、ということなのです。

誰かが自分を喜ばせようとして何かをしてくれた、ということなのです。

そういう意味では、一日の生活の中で、感謝する数が多ければ多いほど、その日は「良い日」だったと言えるのではないでしょうか。

従って、自分から積極的に周りの人たちに感謝の言葉を発していくように心がける

ほうがいいと思います。

「ありがとうございます」と言えば言うほど、自分自身が幸せになり、その日の生活は喜びに満ちたものになっていくのです。

「ありがとう」という言葉をたくさん使うことも、「日々是好日」という生き方を実践する方法になるのです。

しかし、残念ながら、「ありがとう」という言葉をあまり口にしない人もいます。人から親切にしてもらっているのに、「ありがとう」と言わないで済ませてしまうのです。

しかし、感謝の言葉がなければ、その人は、人から親切にしてもらっていることに喜びやうれしさを実感することもないのではないでしょうか。

ですから、その日が「良い一日だった」という実感を得ることもできません。

そういう意味では、しっかりと感謝の言葉を言うほうがいいと思います。

「ありがとう」と言うのを面倒に思わない。

気を遣《つか》ってもらうことを「当たり前だ」と思わない

人から親切にしてもらっているのに「ありがとう」という感謝の言葉を言わない人がいます。

このようなタイプの人は、「当たり前」という考えにとらわれてしまっていることが多いようです。

たとえば、妻が夫の健康を気遣って、健康にいい食材で美味しい料理を作ってくれたとします。

しかし、そこで、「僕のために気を遣ってくれて、ありがとう」と言わないで済ませてしまう人もいるのです。

そのような夫は、「妻が夫のことを気遣うのは、当たり前だ」という考えを持っていることが多いのです。

「妻は当たり前のことをしているのだから、いちいち、ありがとうと言う必要などない」というわけなのです。

しかし、**このような「当たり前だ」という考えは捨てるほうが賢明です。**

妻が夫のことを気遣ってくれるというのは、決して「当たり前のこと」ではないのです。

それは、非常にありがたい貴重なことなのです。

ですから、しっかりと「ありがとう」と言うほうが賢明です。

「ありがとう」と言うことで、夫婦関係は円満なものになるでしょう。

また、夫自身も、一層うれしい気持ちになり、心が温まります。

「良い一日だ」という考えも強まるでしょう。

従って、「当たり前だ」で、感謝の言葉を述べずに済ませないほうが得策です。

気を遣ってくれる妻にも、しっかり「ありがとう」と言う。

身近な人同士であっても、感謝の言葉を伝え合っていく

人は、ごく身近な人に対して、特に、「ありがとう」という感謝の言葉を言わずに済ませてしまうことが多いようです。

たとえば、親子関係です。

親は子供のために、たくさんのことをしてあげます。

しかし、そんな親に、子供は「ありがとう」の一言も言わずに済ませてしまうことも多いようです。

反対に、子供が親のことを心配して、やさしいことをしてあげる場合もあります。

しかし、そこでもまた、子供に感謝の言葉を言わずに済ませてしまう親もいるようです。

会社での、上司と部下の関係でも、同じことがあります。

部下が上司のためを思い、あるいは、上司が部下のことに色々と気を遣って、やさしいことをしているのにもかかわらず、お互いに、しっかりと「ありがとう」という感謝の言葉を言わずに済ませてしまうことがよくあるのです。

なぜ「ありがとう」という感謝の言葉がないのかと言えば、そこにも「当たり前だから」という意識が働いているようです。

「親が子供のために何かするのは、当たり前」「部下が上司のために色々するのは、当たり前」という意識が働くのです。「当たり前だから、いちいち感謝の言葉など言う必要はない」というわけです。

しかし、**親子や、上司と部下といった身近な関係であっても、やはり、しっかりと感謝の言葉を伝え合っていく**ほうがいいと思います。

それが、それぞれの日々を「好日」にしていくことにつながるからです。

「ありがとう」と言えば、お互いの関係はもっと親密になる。

感謝する気持ちを持つと、自分がいい方向へ生まれ変わる

次のような話があります。

あるサッカー選手は、一時期、スランプに陥《おちい》ったことがありました。つまらないミスばかり繰り返し、試合ではまったく活躍できなくなったのです。

その際、コーチから「もっと、こういうプレーをしたほうがいい」「ここが悪いんじゃないか」「練習方法を変えたほうがいい」などと、色々なアドバイスを受けました。

しかし、その選手は、当初は、内心では、「うるさいな。余計なことは言わないでほしい」と反発していたと言います。

しかし、一向にスランプから脱却することができませんでした。

自分なりにいくら努力しても、やはり、活躍できない試合が続いたのです。

そこで、彼は、コーチに対する考え方を変えることにしました。

コーチのアドバイスに無闇《むやみ》に反発するのではなく、「このコーチは自分のことを思ってアドバイスしてくれている。なんて、ありがたいことだろう」と、感謝の気持ちを持つように心がけたのです。また、「いい指摘をしてもらって、ありがとうございます」と、感謝の言葉を口にするようにもしました。

その結果、スランプから脱出するきっかけをつかむことができ、試合で活躍できるようになりました。

このように、**感謝する気持ちを持つことによって、人のアドバイスを素直に受け入れられるようになります。**また、それをきっかけに、いい方向へ自分が変わっていけることも多いのです。

すると、人生が好転し、「良い日」が増えていくのです。

感謝する気持ちを持って、人のアドバイスを受け入れる。

自分への批判も、感謝の気持ちで受け入れてみる

人から厳しく批判されることがあります。

たとえば、「そういうやり方をしているから、ダメなんですよ。あなたのやっていることが、みんなの迷惑になっているのがわからないんですか」といったようにです。

そのような批判のされ方をすれば、その本人とすれば当然、カチンときてしまうでしょう。

怒りがこみ上げてきて、「冗談じゃない。黙っていろ」と反発してしまうことになると思います。

しかし、そこで怒ってしまえば、結局は、嫌な思いを後々まで引きずってしまうことになります。

その結果、今日も、明日も、明後日も、気持ちがめいったり、イライラしてきたりする「悪い日」になってしまうかもしれないのです。

そういう意味では、たとえ自分に対して批判的なことを言われたとしても、無闇《むやみ》に怒ってしまうのではなく、むしろ、感謝の気持ちで受け入れるほうが賢明です。

つまり、「大切なことを指摘してくれて、ありがとう。自分ではまったく気づいていなかった」と、感謝の気持ちで受け入れて、素直に反省するほうが得策です。

そうすれば、それをきっかけに、自分という人間が一つ成長することにもつながります。

批判をあえて感謝して受け入れることで、自分の成長を実感できれば、後々まで嫌な思いを引きずることはないでしょう。

また、自分を批判してきた相手と下手なトラブルを引き起こすこともありません。

その結果、「日々是好日」で暮らしていけるのです。

批判に感謝することが、自分の成長につながる。

感謝する人は慕《した》われ、感謝しない人は見捨てられる

感謝の言葉をたくさん述べる人は、周りの人たちから好かれます。

一方で、親切なことをしてもらっても、「ありがとう」という言葉をまったく言わない人は、周りの人たちから嫌われてしまいがちです。

周りの人たちにしてみれば、せっかく親切なことをしてあげたというのに、その相手から感謝の言葉が一言もないのでは、「どういうつもりなんだろう」と反感の感情を抱いてしまいます。

そして、「この人には、もう、親切なことをしてあげるのはやめよう」という気持ちにもなるのではないでしょうか。

そのために、「ありがとう」と言わない人は、周りの人たちから見放されて、本当

に困っている時には、誰も助けてはくれない、ということになることもあります。

一方で、しっかりと「ありがとうございます」と言える人は、周りの人たちから好かれ、また慕われます。周りの人たちにすれば、「ありがとうございます」と言ってくれる人に対しては、「何かあった時には、この人のためにまた力を貸してあげたい」という気持ちにさせられるものなのです。

従って、**「ありがとう」と言える人は、ある日は誰かに助けられ、ある日は誰かに親切にしてもらい、また、ある日は誰かに貴重な情報を提供してもらえます。**

その結果、日々そのような良いことに恵まれながら生きていけるのです。

ですから、その人の人生は、まさに「日々是好日」になっていきます。

自分自身がもっと幸せな日々を重ねていきたいと願うのであれば、周りの人たちに「ありがとう」と感謝する気持ちを忘れないほうがいいと思います。

自分自身の幸せのためにも、「ありがとう」と言う。

「ありがとう」と言えば、もっと良いことが起こる

感謝することは大切だとわかっていても、つい「ありがとう」と言うのを忘れてしまう時があります。

たとえば、仕事に追いまくられている時です。

そのような時は、心に余裕がなくなり、頭の中が自分のことで一杯一杯になっているために、人から親切にしてもらっても、つい「ありがとう」という感謝の言葉を相手に伝える言葉を忘れてしまいがちなのです。

しかし、**忙しい時ほど、心に余裕を持つように心がけて、親切なことをしてもらった時には、しっかり感謝の言葉を伝えるほうがいいと思います。**

たとえば、ある人は会社で、定時までに仕事が終わらず、残業をしていました。

そんな時に、同僚の一人が気を遣ってくれて、「疲れているでしょう。ちょっと気分転換でもすれば」と、お茶をいれてくれたのです。

しかし、残業で忙しいその人は、心に余裕がなくて「ありがとう」の言葉を言うのを忘れてしまったのです。

そこでもし「ありがとう」と感謝の言葉をしっかりと伝えていたら、もっと良いことがあったかもしれません。

その同僚は、「私も残業を手伝ってあげる」と、力を貸してくれたかもしれないのです。

そうなれば、残業も早く終わることになったでしょう。

しかし、そんな感謝の言葉を言わずに済ませてしまったので、その同僚は残業を手伝うどころか、話しかけてくれることもなくなってしまったのです。

そういう意味でも、心に余裕を持って、感謝の言葉を伝えていくほうが賢明です。

忙しい時でも、しっかり「ありがとう」と言う。

感謝する心が、心穏やかな「良い日」を作り出す

精神科医として、また、エッセイストとしても活躍した斎藤茂太《さいとうしげた》（1916〜2006年）は、『感謝する心』は、人間社会のなかで心穏やかに生きる最高の発明品」と述べました。

人間社会の中で暮らしていれば、日々、様々なことが起こります。

もちろん、嫌なことも経験するでしょう。

人から頭にくるようなことを言われることもあるかもしれません。

そんな時、いちいち、感情を荒げたり、落ち込んだり、悩んでいたりしていたら、心穏やかに暮らしていくことなどできないでしょう。

一日一日の生活を「良い日」にしていくこともできないと思います。

では、どうすれば心穏やかに暮らし、毎日の暮らしを「日々是好日」にしていくことができるのかと言えば、それは「感謝する心」を持つことがポイントになるのです。

嫌なことを経験したとしても、「貴重な経験をさせてもらった。こんな経験も、きっと、役に立つ時もくるだろう」と、そのことに対して感謝してみるのです。

人から頭にくるようなことを言われることがあったとしても、とりあえず、「『こういう見方もできるのか』ということを教えてもらった。そういう意味では、ありがたいことを言ってもらった」と、感謝してみるのです。

そのようにして、何事があっても、「感謝する心」でもって対応するように心がけるのです。

そうすれば、日常の生活がとても心穏やかなものになります。

日々、穏やかな「良い日」を過ごしていくことができるのです。

「貴重な経験をした」と、感謝の心を持ってみる。

#「生かされている」ということに感謝する

「人は、生かされている」という考え方があります。

だからこそ、「生きる力」を与えてくれるものに対して、いつも感謝の気持ちを抱いていくことが大切だ、という考え方です。

たとえば、日本画家の東山魁夷《ひがしやまかいい》（1908～1999年）は、「私は生かされている。野の草と同じである」と述べました。

野の草は、土の栄養によって生かされています。

太陽の光、また、水や空気によって生かされています。

そのようにして「私」という人間も生かされている、と東山魁夷は語っているのです。

それは、食べ物や、その食べ物を作ってくれる人によって生かされている、ということでしょう。

また、家族や、仕事の関係者や、友人や、恩人たちのおかげで、生かされている、ということでもあるのです。

言い換えれば、決して自分の力だけで生きているのではないのです。

ですから、そのようにして**自分を生かしてくれるものに対して、日々感謝する気持ちを持って生きていくことが大切なのです。**

また、そんな感謝する心を持つことが、精神的により豊かなものにします。

精神性をより高めていってくれるのです。

そういう意味から言っても、日々、生かされていることに感謝する気持ちを忘れずにいるほうがいいと思います。

これも「日々是好日」という生き方の実践方法につながると思います。

「決して自分一人の力で生きているのではない」と知る。

「いただきます」「ごちそう様」で、心が豊かになる

「いただきます」というのは、これから食事を始める時に言われる言葉です。

この「いただきます」という言葉は、もともとの語源は、「戴《いただ》く」という言葉にあります。この「戴く」とは、「高く持ち上げる」という意味です。

そして、この「高く持ち上げる」ということは、「感謝する」という意味を表す行為でもあるのです。

つまり、食事を始める際に「いただきます」と言うのは、生命の栄養源になってくれる食材や、その食材を生産してくれた人たち、あるいは、その料理を作ってくれた人に感謝する気持ちを表す行為なのです。

また、食事を終えた時には、「ごちそう様」と言います。

この「ごちそう様」は、漢字で書くと、「御馳走様」となります。

この「御馳走様」にある「馳走《ちそう》」には、「走り回る」という意味があります。これは、「料理を作るのに必要な食材を買いそろえるために走り回る」ということを意味していると言われています。

つまり、「馳走」は、「苦労して食事を作ってくれた行為」、また、「その食事を作ってくれた人」を指しているのです。

それに「御」と「様」をつけるのは、つまり、「感謝する気持ちを表す」ということなのです。

そういう意味で、**食事の際に「いただきます」と「ごちそう様」という感謝を表す言葉をしっかり口にする、または、心の中でつぶやくことも、その人の心を豊かにすることにつながる**と思います。

これも「日々是好日」の生き方の実践法となるのです。

食事の際の挨拶で「日々是好日」を実践する。

第2章

物事を思い通りにしようと思わない

「思い通りにならないこと」に感謝する

物事を「自分の思い通りにしたい」という思いが強すぎる人がいます。

こういうタイプの人は、往々にして、日頃の生活に強い不満を募《つの》らせていくことになりがちです。

というのも、人生の中で100パーセント自分の思い通りにいくことなど滅多にないからです。

仕事にしても、子育てにしても、家事にしても、人間関係にしても、何事もそうなのですが、人生というものは全般的に、自分の思い通りにならないことばかりなのです。

従って、自分の思い通りにならないことがあった時、そこでいちいちイライラしたり、腹を立てたりしていたら、身が持ちません。

一日一日を、楽しい日、うれしい日、良い日にすることはできないでしょう。

そういう意味では、たとえ物事が自分の思い通りにならなかったとしても、そこであまり不満を大きく膨《ふく》らませないようにすることが大切です。

まずは、**「物事が思い通りにならないのは、よくあることだ。思い通りにならない時ほど自分が成長するチャンスだ。感謝する気持ちを持とう」**と逆転発想で考えることが重要だと思います。

「よくあること」「当たり前のこと」だと考えておけば、もし思い通りにならないことがあっても、そこで感情を荒立てることはないでしょう。

平然とやりすごすことができるのではないでしょうか。

そこでイライラしたり、腹を立てたりしてしまったら、「日々是好日」の人生は実践できないということです。

思い通りにならないから、成長できる。

思い通りにならないことこそ、本当に面白い

心理学者で、著作家としても活躍した人物に、河合隼雄《かわいはやお》（1928〜2007年）がいます。

この河合隼雄は、「思い通りにならないことこそ、本当に面白いことだと思っている」（意訳）と述べました。

日常生活の中には、思い通りにいかないことがたくさんあります。

予想外のアクシデントに見舞われて、その日に予定していたことがキャンセルになってしまうこともあると思います。

家族や友人が自分の言うことを聞き入れてくれずに、我がままばかり言って、困ってしまうこともあるでしょう。

雑用に追いまくられて、自分の時間をなかなか作れずに、気持ちが暗くなってしまうこともあるかもしれません。

しかし、そんな「思い通りにならないこと」こそが、「本当に面白いこと」だと、河合隼雄は指摘しているのです。

河合隼雄は、つまり、「思い通りにならないこと」に直面した時に、「では、どうすれば、この状況を打破できるのか」ということを考え、アイディアを練り、そして、色々なことを創意工夫して試してみることが「本当に面白い」と言っていると思います。

このような「思い通りにならないこと」を「本当に面白いこと」だと認識して暮らしていけば、一日一日を「好日」としていけるでしょう。

落ち込んだり、イライラしたりすることなく、いつでも前向きに楽しく暮らしていけると思います。

「思い通りにならない」から創意工夫が生まれる。

完璧主義を和らげれば、日々が楽しくなる

「完璧主義」的な性格の強い人がいます。

このタイプの人は、言い換えれば、「何事も自分の思い通りにしたい」という意識が強いタイプの人とも言えると思います。

100パーセント、完璧に、自分の思い通りにできないと気が済まないのです。

同時に、このような完璧主義的な性格が強い人は、いつも大きな不満を溜め込んで、イライラしたり、落ち込んでばかりいる人だとも言えるでしょう。

というのも、日常生活では、何事であれ、100パーセント自分の思い通りにできることなどほとんどないからです。

そのために、この完璧主義的な性格が強い人は、思い通りにならないことに直面す

る度に、強い欲求不満を感じます。

そして、そんな欲求不満のために、感情を乱されてしまうのです。

もし「日々是好日」の精神を持って、一日一日の生活を楽しく、心穏やかに暮らしていきたいのであれば、このような完璧主義的な性格を和らげるようにするほうがいいと思います。

たとえば、「80パーセント自分の思い通りになれば、それで十分満足だ」と80パーセント思い通りになったことに感謝の心を持つようにします。

20パーセント程度は、自分の思い通りにならないことがあっても、大らかな気持ちで「しょうがない」と考えるようにするのです。

そうすれば、今よりもずっと楽な気持ちで、日々を楽しく暮らしていけるようになると思います。

欲求不満を感じることも、今よりもずっと少なくなると思います。

80パーセント自分の思い通りになれば、満足する。

たまには、手を抜いたり、怠けたりしてもいい

ロシアの文豪に、レフ・トルストイ（1828〜1910年）がいます。

第一次ロシア革命の時代を経験し、『戦争と平和』や『アンナ・カレーニナ』などの作品を書いたことで有名です。

このトルストイは、「もし君が完璧さを求めるならば、君は決して満足しないだろう」と指摘しました。

もちろん、物事を完璧に成し遂げることができれば、その人は大きな満足感を得ることができるでしょう。

しかし、物事を完璧に成し遂げられることなど、実際には滅多にないのです。

ですから、トルストイは、この言葉で、完璧さを求めるならば、「決して満足しな

いだろう」と指摘したのです。

一日の生活を終え、夜眠る時、「満足な一日だった」と心から感謝できてこそ、その日を「良い日」にすることができると思います。

毎日感謝の心を持って眠れてこそ、「日々是好日」という生き方を実現できると思うのです。

そういう意味では、無理をしてまで完璧さなど求めないほうがいいのです。

完璧さを求めて不満を溜め込むよりも、もっと大らかな気持ちで生きていくほうが賢明です。

１００パーセントを目指してがんばりながらも、たまには、手を抜いたり、怠けたりすることがあってもいいと思います。

そのくらい大らかで楽天的な気持ちで生きていくほうが、一日一日を「好日」としていくことができるのです。

大らかに感謝の気持ちで生きていく。

他人に対しても「80パーセント主義」がいい

完璧主義的な性格が強い人は、自分がやることに完璧さを求めます。

しかし、それだけではなく、他人に対してもやはり完璧さを求める傾向が強いのです。

ある女性は、完璧主義的な性格の強い人です。そんな彼女は、周りの人たちに不満を募らせてしまうことも多いようです。

たとえば、職場の同僚が、自分が指示した通りに、ちゃんと仕事をしてくれない場合があります。そんなことがあると、「どうして、ちゃんと仕事をしてくれないのだろう」と、イライラが止まらなくなるのです。

また、家庭でも、夫が物をちゃんと片づけてくれないことがあります。そんな時も、「なんて、だらしのない人なんだろう」と、夫に対して強い怒りの感情をおぼえてしまうのです。

時には、相手に対して強い口調で文句を言ってしまい、それがきっかけで口ゲンカになってしまう場合もあるのです。

そうなると、彼女は、毎日のように、周りの人たちにいら立って暮らすことになってしまいます。

そういう意味では、他人に対しても、もっと大らかな気持ちでつき合っていくほうがいいでしょう。

自分が望んでいることの80パーセントを他人がやってくれたら、「ありがたい」と感謝するよう意識していくほうがいいと思います。

そうすれば、楽な気持ちで、一日一日の生活を楽しむ心の余裕も持てるようになると思います。

大らかな気持ちで人とつき合っていく。

劣等感に悩むよりも、長所を生かしていく

劣等感に悩みながら暮らしている人がいます。

「私は、なんて不器用な人間なんだろう」

「口ベタな自分が嫌になってくる」

「背が低い」

といった劣等感に悩んだり、時には、落ち込んだり、イライラしたりするのです。

しかし、そのような劣等感を抱え込んだまま生活しているのでは、日々を楽しい気持ちで暮らしていくことはできないでしょう。

そういう意味では、劣等感にあまりとらわれないようにすることが大切です。

自分自身の性格や経歴といったものも、また、「思い通りにならないもの」の一つ

なのです。

いくら悩んだとしても、たとえば、「不器用な性格」が、すぐに「器用な性格」に生まれ変わることはないでしょう。

「背が低い」ということを変えることはできないのです。

そんなふうに劣等感が思い通りにならないものであるならば、あまり劣等感に悩んだり落ち込んだりしないほうが賢明です。

従って、**自分が劣っていることよりも、むしろ、自分が優れているところを強く意識していくほうがいいでしょう。**

人間であれば誰でも、一つや二つは、周りの人たちよりも劣っている部分があるでしょう。

しかし、それと同様に長所もあるはずです。そのような長所を生かしていくことを考えるほうが、一日一日を「良い日」にしていけると思います。

性格や経歴も「思い通りにならないもの」と知る。

自分の良い点を意識すれば、潜在意識に良い情報が伝わる

アメリカの牧師であり、また、成功哲学の著作を発表した人物に、ジョセフ・マーフィー（1898〜1981年）がいます。彼は、

「自分で自分を劣ったものとして見下してしまいそうになったら、できるかぎり自分の良い点を見つけるようにすべきだ。自己卑下《ひげ》は自信を失わせ、潜在意識に悪い影響を与える」（意訳）と指摘しました。

劣等感が強い人は、自分が持っている短所のために、とかく、自分自身を「劣ったものとして見下してしまう」ということがよくあるのです。

つまり、自分で自分を見下してしまうのです。

しかし、そのようなことをすれば、潜在意識に悪い情報が伝わっていってしまうこ

とになるのです。

そのために、何事もうまくいかず、失敗ばかりして、一層、そんな自分に自信を失っていくことになります。

その結果、「やっぱり私はダメな人間なんだ」と、ますます劣等感に苦しむことになってしまうのです。

従って、ジョセフ・マーフィーは、この言葉で、「できるかぎり自分の良い点を見つけるようにすべきだ」と述べているのです。

自分の良い点を強く意識すれば、潜在意識に良い情報が伝わっていきます。

そうすれば、気持ちが明るくなり、前向きに考えることができるようになります。

その結果、物事がうまく運ぶようになります。

それは、生きる自信にもなり、未来への希望にもなります。

もちろん、そうなれば、日々を「良い日」として暮らしていけるようになるのです。

自分自身を「劣ったもの」として見下してはいけない。

短所も、視点を変えれば「長所」となる

「短所は長所」と言えるかもしれません。

「自分で短所だと思っていることは、実は、自分の長所にもなり得る」ということです。

たとえば、「優柔不断な性格」というのは、短所の一つかもしれません。

しかし、そのような性格は、言い換えれば、「時間をかけて、物事を慎重に判断する性格」とも言えるのです。

従って、このような性格の人は、大失敗をしでかすということが少ないのです。

この「失敗が少ない」ということは、むしろ、長所の一つとして数えられるでしょう。

また、「頑固」ということを、短所の一つに考えている人もいるかもしれません。しかし、そのような性格は、見方を変えれば、「意志が強い」と言うこともできるのです。

つまり、強い意識で、大きなことを成し遂げられるのです。

この「意志が強い」ということは、もちろん長所です。

このように一見短所に見えるようなことであっても、視点を変えれば、長所としての側面が見えてくることもあります。

従って、**「私には、こんな短所がある」と落ち込んでばかりいるのではなく、その短所の「良い側面」を見つけ出すようにするほうが賢明だ**と思います。

「短所は長所」ということに気づけば、これからの人生を「日々是好日」という精神を持って前向きにがんばっていけるでしょう。

下手に落ち込んだり、悩んだりということはなくなると思います。

「短所は長所」という側面を見つけ出す。

劣等感をバネにして、成功をつかみ取る人間もいる

劣等感をバネにして、成功をつかみ取るための原動力を作り出していくことができます。

たとえば、実業家として成功し、また、政治家としても活躍した田中角栄《たなかかくえい》（1918～1993年）がいます。

田中角栄は、若い頃、学歴が低いことに強い劣等感をおぼえていたと言います。

彼は旧制の小学校しか卒業していませんでした。

今で言う義務教育を終えただけの学歴だったのです。新潟の農家に生まれた彼は、家が貧しく、そこから上級の学校へは進学できなかったのです。

しかし、彼は、この「学歴が低い」という劣等感をバネにして、「学歴の高い人間

には負けたくない。学歴が低くても、がんばって成功する」という強い意欲を持つことになったのです。

そして、実際に、戦前戦中は、みずから設立した建設会社の社長として成功し、戦後は、政治家として活躍し、内閣総理大臣にまでなりました。

この田中角栄のように、劣等感というものをバネにして成功した人物は他にもたくさんいます。

従って、たとえ劣等感に悩むことがあったとしても、ただ悩んでばかりいて終わってしまうのではなく、**「劣等感をバネにして、がんばろう。みんなを見返してやる」という意欲に変えていくことが大切です。**

そうすれば、劣等感で思い悩んでばかりいる毎日から抜け出し、一日一日を「良い日」として充実した人生を送っていけると思います。

劣等感を、自分の人生に生かすことを考える。

第3章

「二《に》応《おう》の法則」で楽しく生きる

一日一日を感謝の心を持って大切にしていく

フランスの哲学者であるルネ・デカルト（1596～1650年）は、「一日一日を大切にしなさい。毎日のわずかな差が、人生にとって大きな差となって現れるのだから」と述べました。

すばらしい人生を実現したいと思うならば、まさに「日々是好日」という精神で、「一日一日を感謝の心を持って大切にしていく」ことが必要だ、ということです。

「今日一日の幸せ」というものは、人生全体から見れば、わずかな、小さな幸せであるかもしれません。

しかし、**その小さな幸せを一日一日積み重ねていくことで、それは「大きな差」となって、その人の人生に現れてくるのです。**

小さな幸せであっても、それを一日一日積み重ねていけば、やがて大きな幸せとなって人生に現れる、ということです。

従って、まずは、「一日一日を感謝の心を持って大切にしていく」という意識で生きていくことが重要なのです。

生活の中では、日々、様々なことが起こります。

もちろん、うれしいこと、楽しいこと、喜ばしいこともあるでしょう。

しかし、一方で、嫌なこと、不運なことも起こるかもしれません。

とは言え、何が起ころうとも、「今日という日を大切にしていこう」という意識を忘れないことが肝心なのです。

何があろうとも、「今日という一日を、楽しい、良い日にしていこう」をモットーにして生きていくのです。

それが「すばらしい人生」につながっていくと思います。

「楽しい一日を」が、すばらしい人生につながる。

「二応の法則」で、一日一日を楽しく生きていく

一日一日を良い日として、楽しく、充実した生活を送っていくためのコツに、「二《に》応《おう》の法則」と呼ばれるものがあります。

相反する性質を持った二つのことが起こったとします。

その、どちらにも柔軟に対応していく考え方を持つことで、一日一日を良い日にしていくことができるのです。

これが、「二応の法則」です。

たとえば、今日、電車に乗った際に、座席に座れたとします。

いつもは非常に込み合っている電車で、たまたま座席に座れたのです。

そういう経験をすれば、その人にとっては、「今日は良い日だ」という気持ちにな

れるでしょう。

一方で、もし電車に乗った時に座席に座れなかったとしても、「今日は悪い日」ではないのです。

そこで、「揺れる電車の中で立つことができたからこそ、足腰が鍛えられる」とポジティブ思考で考えることができれば、電車の座席に座れなかった日も「今日は良い日だ」ということになるのです。

このように「電車の中で座れたこと」にも、「電車の中で座れなかったこと」にも、そのどちらにも柔軟な思考で対応し、「いずれにしても、私にとっては良かった」と考えることが、この「二応の法則」なのです。

そのように、**日々の生活の中で何があってもポジティブ思考で前向きにとらえていくことで、「今日は良い日だった」という満足感を得られるのです。**

そして、一日一日を「好日」として生きていくことができます。

電車の中で「座れても良し、座れなくても良し」と考える。

「二応の法則」に従えば、集中力を失うことはない

何事にも「二応の法則」という考え方を持って対処することで、一日一日を「好日」、つまり「良い日」にしていくことができます。

次のような話があります。

ある男子高校生は、志望していた大学の受験に落ちてしまいました。

そこで、彼は、一年浪人して、志望大学にもう一度チャレンジすることにしました。

しかし、ここのところ、勉強に集中できない、と言います。

受験に失敗したショックを、今日まで引きずっていて、気持ちを切り替えることができないでいるのです。

また、大学に合格して学生生活をエンジョイしている、高校時代のクラスメートた

ちの姿を見ていると、浪人生活をしている自分がミジメに思えてきて、気持ちが一層落ち込んできてしまうのです。

彼は、恐らく、浪人生活というものに対してネガティブな気持ちを抱いているのでしょう。

ですから、受験勉強に集中できなくなっているのです。

このような場合は、「二応の法則」によって、発想の転換をはかるのが良いのです。

もちろん、志望大学に合格すれば、それに越したことはなかったでしょう。

しかし、受験に失敗して浪人生活を送ることをネガティブに考えることはないのです。むしろ、「もう一年、じっくりと受験勉強ができる。この経験は、僕の人生にとって有意義なものになるだろう。だから、浪人して良かった」と考えるのです。

このように**「受験に成功しても良し。失敗しても良し」と考えることで、浪人生活を送る一日一日を大切にしていこうという意欲も高まります。**

「受験に成功しても良し、失敗しても良し」と考える。

「二応の法則」によって、リストラに負けずに生きる

会社員には、長年勤めている会社をリストラされてしまう、ということがあります。

ある男性は、リストラにあったと言います。

彼は一生懸命になって働き、高い業績も上げていましたが、会社全体の経営がうまくいかずに、リストラを言い渡されてしまったのです。

そのために、愛着のある会社を辞めざるをえなくなりました。

彼は、今、気持ちが落ち込んで、前向きに生きる意欲を失っていると言います。

このようなケースでは、「二応の法則」によって、発想を転換するのが賢明です。

リストラ後、前向きな気持ちを失ってしまったというのは、「リストラされた自

分」にネガティブな意識を抱いている証《あかし》だと思います。

しかし、「リストラされた」ということを、それほどネガティブに考える必要はありません。

むしろ、「リストラされたことによって、これまで、やりたかったが、できなかったことに思いっきりチャレンジできる。自分で事業を起こしてもいいかもしれない」と、ポジティブに考えることもできるのです。

そして、そのようにポジティブに考えることができれば、前の会社に居続けたいという気持ちもあったのかもしれませんが、むしろ「リストラされて良かった」と考えられるようにもなるのです。

そして、**リストラされた後の一日一日を、自分の夢に向かってチャレンジしていく「好日」として、前向きに生きていくこともできる**と思います。

リストラの経験を「チャレンジのチャンス」と考えてみる。

「雨でも良い。晴れでも良い」で生きていく

禅の言葉に、「雨奇晴好《うきせいこう》」というものがあります。

この禅語は、簡単に要約すれば、「雨でも良い。晴れでも良い」という意味を表しています。

実は、この禅語も、「二応の法則」に通じる意味を持っているのです。

たとえば、ある湖のほとりにいるとします。

目の前には、とても美しい風景が広がっています。

晴れていれば、もちろん、風景は一層美しく見えます。

「雨奇晴好」の「晴好《せいこう》」は、「晴れていれば、好《よ》い景色だ」という意味を表しているのです。

また、雨が降っても、湖や山に霧がかかって幻想的に見え、非常に趣《おもむき》があるのです。

「雨《う》奇《き》」の「奇」には「珍しい」という意味があります。

つまり、「雨が降っている時には、晴れている時には見られないような、幻想的な珍しい風景を楽しむことができて、とても良い」という意味なのです。

つまり、「雨でも良い。晴れでも良い」ということです。

さらに言えば、この「雨奇晴好」には、人が生きる上での大切な考え方が示されています。

「晴の日」は、「いいことがある日」を示しています。

一方、「雨の日」は、「嫌なことがある日」を指しています。

つまり、**「たとえ嫌なことがあっても、珍しい経験をした。そういう意味では、有益だった」と感謝の気持ちに変えることが大切だ、**という意味に考えられます。

嫌な経験をしたら、「珍しい貴重な経験をした」と考える。

物事の悪い面ではなく、良い面を見ていく

「傘屋《かさ》と下駄屋《げた》」という昔話があります。

昔、茶店《ちゃみせ》を営《いとな》んでいるお婆《ばあ》さんがいました。

そのお婆さんは、天気が良い日には、「今日は晴れか」と暗い顔になりました。

雨が降ると、「今日は雨か」と、深いため息をついていました。

ある知り合いが「どうしたんですか」と、その理由を尋ねると、お婆さんは次のように説明しました。

お婆さんには二人の息子がいました。

長男は傘屋を営んでいました。次男は下駄屋を営んでいました。

お婆さんは、天気が良いと、「長男は傘が売れずに困っているだろうな」と、気持

ちが暗くなります。

雨が降ると、今度は、「次男は下駄が売れずに困っているだろう」と、ため息が出てきてしまうというのです。

その話を聞いたお婆さんの知り合いは、お婆さんに、

「ならば、晴れたら、今日は次男が下駄が売れて喜んでいるだろうと考えればいい。雨が降ったら、今日は長男の傘が売れて喜んでいるだろうと考えればいい」と教えました。

知り合いから教えられた通りに考えるようにすると、お婆さんは、晴れても、雨が降っても、明るい気持ちでいられるようになりました。

この話は、**「何事にも、良い面と、悪い面がある。その良い面だけを見ていくことが大切だ」**ということを示しています。

それが、今日という日を「良い日」にするコツでもあるのです。

良い面を見れば、気持ちが明るくなる。

「失恋も、また良し」と考えることもできる

何事にも、良い面と、悪い面があります。

たとえば、恋人と別れることになったとします。

その本人にとってはショックな出来事ですし、気持ちも落ち込むでしょう。

そういう意味では、恋人と別れることは、「悪いこと」と言えます。

しかし、恋人と別れることにも、意識して探せば、「良いこと」も見つかるのです。

たとえば、「もう恋人の都合など気にせずに、自分が行きたい場所に行ける。自分がやりたいことができる」ということがあると思います。

また、「失恋を経験したことによって、私は心の痛みを知り、そのことによって人間的により成長することができた」と考えることもできるでしょう。

人間的な成長も、失恋の「良いこと」の一つになると思います。

また、「失恋を経験することによって、相手の人間性を見抜く力が養われた。だから、今度は、もっとすばらしい人を恋人として選ぶことができるだろう。そして、もっと幸福な恋愛ができる」と考えることもできると思います。

このようにポジティブに「良い面」を見つけ出すことができれば、失恋後の日々を、自分らしいことを思いっきりできる、また、もっとすばらしい恋人を見つけるための「良い日」として過ごしていくことができるのです。

暗い気持ちのまま、後ろ向きな気持ちで日々を過ごしていく、ということはなくなるでしょう。

このような、**普通は「悪いこと」として受け取ってしまうような経験でも、また別の角度から考えてみると、「良い面」が見つかるのです。**

「二応の法則」に従って、「失恋も、また良し」という発想の転換ができます。

物事の「悪い面」ばかりに意識を奪われない。

うまくいかないことが、自分を精神的に強くする

「こんなことを成し遂げてみたい」という夢を持ったとします。

そして、その夢を実現するために日々努力していきます。

夢に向かって物事がドンドン前に進んでいる時は、毎日毎日が楽しくてしょうがありません。

一層、気持ちが乗っていけます。

しかし、物事が順調に運んでいく時ばかりではありません。

時には、「何をやっても、うまくいかない」「思うように、物事が進んでいかない」ということもあるでしょう。

そのような「うまくいかない時」には、毎日は楽しくはありません。

苦しい思いで日々を過ごさなくてはならなくなります。

そのために、「日々是好日」という精神状態から遠ざかってしまうことになります。

物事がうまくいかない時に、気持ちが苦しくなるのは、恐らくは、「うまくいかない」ということに対してネガティブな意識を持っているのが原因だと思います。

しかし、「うまくいかない」ということにもポジティブな面、良い面があるのです。

たとえば、「この試練を経験することによって、私はさらに精神的に強い人間になれる」と考えることができます。

また、**「うまくいかない時に、色々なことを試してみて、そこから得られる知識は、今後の私の人生に役立つだろう」と考えることもできるのです。**

このように考えることができれば、「うまくいかない時も、また良し」と考えることができるようになるのです。

うまくいかない時にこそ、良い知識を増やしていく。

下ばかり見ているのではなく、上を見上げてみる

下ばかり見ていると、気持ちが沈んでいくばかりです。

上を見上げてこそ、希望が見つかります。

たとえば、雨が上がった後のことを想像してみるといいと思います。

下を見ると、そこには水溜まりができています。

土の道には、ぬかるみもできているでしょう。

そうなれば、「歩きづらそうだな。靴が泥で汚れてしまうな」と、ネガティブな気持ちが強まってきてしまうでしょう。

だからこそ、そこで、顔を上げて、上を見上げてみるのです。

晴れていれば、そこには、美しい青空が広がっているでしょう。

また、美しい虹《にじ》がかかっていると思います。

この場合、「美しい青空」や「美しい虹」は、「希望」というもののたとえです。

つまり、「雨が降る」というような、できれば避けたいような事態に遭遇《そうぐう》した後に、下ばかり見ていると、「水溜りができている」「道がぬかるんでいる」といったネガティブなことばかりが見えて、気持ちが沈んでいくばかりなのです。

大切なことは、そこで「視点を変えてみる」ということなのです。

視点を変えれば、「美しい青空」や「美しい虹」が見えてきます。

つまり、「明るい希望」が見えてくるのです。

明るい希望を見つけ出すことができれば、その後の日々を「好日」として、感謝の気持ちで生きていくことができるでしょう。

どのような状況であろうとも、上を見上げてみれば、そこには、明るい希望が見つかるのです。


上を見上げれば、そこに、明るい希望が見つかる。

不運な出来事が、実は幸運につながることもある

「人間万事塞翁《ばんじさいおう》が馬」ということわざがあります。

「人生では、思わぬ不幸が、実は、幸せに転じることがある。だから、不幸なことがあっても、無闇《むやみ》に悲しんではいけない」という意味を表す言葉です。

このことわざには、次のようなエピソードがあります。

昔、中国北方の塞《とりで》の近くに、一人の老人（塞翁《さいおう》）が暮らしていました。

ある日、老人がかわいがっていた馬が逃げ出してしまいました。

周りの人たちが気の毒がっていると、老人は「そのうちに幸運がやって来るだろう」と言いました。

すると、数日後、実際に、老人の馬は、とても良い馬を一頭連れて戻ってきました。

しかし、老人の息子が、その良い馬に乗っていた時、老人の息子は馬から振り落とされて足の骨を折ってしまいました。

しかし、その際も、老人は、「これは幸運の基になる」と言いました。

その後、戦争が起こりました。

村の男たちは皆戦争に狩り出されて、その多くは死んでしまいました。

しかし、老人の息子は、馬から落ちて足の骨を折っていたので、戦争に行くことはありませんでした。

ですから、戦争で死ぬこともなかったのです。

人生では、時に、予想もしなかったような不運に見舞われることがあります。しかし、**そのような不運な出来事が、この「塞翁が馬」の話にあるように、後々には幸運なことにつながる場合もあります。**

ですから、どんな逆境にも無闇に落ち込んでしまうことはないのです。

不運な経験をしたからといって、落ち込むことはない。

別の世界へ転向することで、成功する場合もある

不運な出来事が、実は、大きな幸運につながる場合があります。

たとえば、プロレスの世界で活躍した人物に、ジャイアント馬場（1938～1999年）がいます。

彼は、もともとは、プロ野球選手でした。

高校野球でピッチャーとして活躍し、甲子園には出場できませんでしたが、プロ野球団に注目されて、巨人軍にスカウトされました。

始めた当初は期待されていました。

しかし、病気をきっかけに、他の球団に移籍しました。

そこで、宿舎の風呂場で転倒し、ガラス戸に突っ込み、左肘《ひじ》に十七針を縫う大ケガ

を負いました。

そのためにプロ野球生活を続けることを断念せざるをえなくなりました。

彼にとってはまさに「不運な出来事」と言っていいと思います。

しかし、それは、彼には、すばらしい幸運につながっていたのです。

なぜなら、彼は、ケガも治りその後プロレスの世界へ転向し、そして大活躍して国民的なスター選手になったのです。

人は誰でも、人生の途上で、「不運に見舞われる」という経験をするものです。

その時は、落ち込んだり、悩んだりすることもあるでしょう。

しかし、そこで、**「不運な経験をするのも、また良いではないか。これが、私の人生の幸運につながるかもしれない」と考えてみるのです。**

そうすれば、「日々是好日」の精神で生きていけると思います。

幸運は不運の後にやってくる。

第4章

人のために「貢献」する生き方をする

「一日一善」で、その日を「好日」にしていく

「一日一善《いちにちいちぜん》」という言葉があります。

「一日の生活の中で、一度は何か、善行《ぜんこう》をするのがいい」という意味を表す言葉です。

この言葉にある「善行」とは、「人のため、世の中のためになる善《よ》いことをする」ということです。

この「一日一善」を実践していくことも、「日々是好日」という生き方につながると思います。

人のためになること、世の中のためになる善いことをすることは、「自分自身のため」にもなるからです。

善いことをすることで、その善いことをした人自身が、「私も役に立てた」という大きな満足感を得ることができます。

そして、それがその善いことをした人自身の生きる喜びや、生きがいといったものを作り出していくのです。

従って、「一日一善」を実践することで、その人自身がその日を「良い一日」にしていくことができるのです。

ただ、「人のため、世のため」とは言っても、自分ができる範囲のことでいいと思います。

道に迷っている人がいたら、助けてあげたり、児童公園の清掃ボランティアに参加する、といったことでもいいのです。

人に感謝されることをすると、清々《すがすが》しい満足感が得られます。

その善いことをした人にとって、その日は「良い日」になるのです。

感謝されると、清々しい満足感を得られる。

善いことをして人間的に成長するのを、みずから楽しむ

江戸時代後期の儒学者に中井竹山《なかいちくざん》（1730〜1804年）という人がいます。

江戸時代の大坂に、懐徳堂《かいとくどう》という学問所がありました。

これは幕府が創設した学問所ではなく、当時の大坂の商人たちが資金を出し合って作った学問所でした。

従って、この懐徳堂では、身分の差別はなく、学問をしたいという意欲にあふれた人であれば、町人の生まれであれ、誰でも通うことができる学問所でした。

この懐徳堂で学者として、多くの人に学問を教え、多くの人を育てたのが、この中井竹山だったのです。

この中井竹山は、「今日一善を行い、明日一善を行い、積もれば大徳となる」と述

べました。

「『一日一善』の精神で、今日、人のため、世の中のために善いことを一つ行う。明日も、やはり、善いことを一つ実践する」ということです。

そのようにして、日々、一つ善行をしていけば、一日一日に行うのは「小さな善行」であっても、それが積もり積もって「大きな徳」となっていくのです。

「大きな徳になる」には、二つの意味があると思います。

一つには、「小さな善行であっても、積もり積もれば、大きな社会貢献になる」ということです。もう一つには、「小さな善行であっても、それを日々続けていけば、人間的に大きな徳のある存在に成長していける」ということです。

言い換えれば、**小さな善行であっても積み重ねていくことによって、日々、自分が役立っていること、また、自分が成長していることを実感できる**ということです。

それは、日々を「良い日」として実感することにもつながります。

「小さな善行」を日々、少しずつ積み重ねていく。

人に喜ばれることが、大きな生きがいになっていく

人のために、世の中のために善いことをすることは、その人自身にとって生きがいになります。

そして、生きがいを持って生きることは、一日一日の生活を「好日」にしていくために大切なことです。

ある男性は、会社を定年退職しましたが、当初は、生きがいになるものがなく、日々、つまらない生活を送っていたのです。

そこで、生きがい作りのために、何か趣味を持ちたいと思い、手品を習うようになりました。一生懸命努力して、手品はうまくなっていきました。

しかし、それでも、まだ、十分に生きがいを感じることはできませんでした。

そこで、老人ホームなどを回って、ボランティアで手品を披露《ひろう》する活動を始めたのです。施設の老人たちは、彼の披露する手品を見て大喜びしてくれました。そして、大いに感謝されたのです。

その人たちの喜ぶ顔を見て、彼は「私もまだまだ、誰かのために役立つ存在なんだ」と実感しました。それ以降、老人ホームなどを回って手品を披露することが、彼にとっての大きな生きがいになったのです。

そして、そんな生きがいのあるおかげで、彼は一日一日を「良い日」として過ごすことができるようになったのです。

この男性の事例からわかるように、**「人から喜ばれる」「人から感謝される」ということが、その人にとっての大きな生きがいになるものなのです。**

そういう意味では、日々の生活の中で何か、周りの人たちに喜んでもらえるようなことをしていくことが大切です。それが「日々是好日」の人生を作ります。

「自分は人のために役立っている」という実感を持つ。

「人の喜ぶ顔を見たい」という思いで生きていく

「人の喜ぶ顔を見たい」という気持ちを持って生きていくことは、すばらしいことだと思います。

それは、その人にとって大きな生きがいになります。

そして、**自分がしたことで、人々が喜んで、うれしそうな笑顔を見せてくれた時には、その日は、その人自身もとても「良い日」になることでしょう。**

そういう意味で、「人の喜ぶ顔を見たい」という気持ちを持ち、そのために行動していくことが大切です。

とは言っても、最初はあまり大げさなことは考えずに、身近な人を喜ばせてあげることから始めるのが良いと思います。

母親なら、まずは、子供を喜ばせること、楽しませることを考えるのがいいでしょう。

子供と一緒に遊んであげて、精一杯子供をかわいがって、子供を喜ばせてあげるのです。

子供が喜んで笑う顔を見れば、それは母親にとって大きな喜びになるでしょうし、子供が喜んで笑ってくれた日は、その母親にとって非常に「良い日」になるに違いありません。

また、友人を喜ばせることを考えてもいいでしょう。

親しい友人に会った時には、その友人を心からほめてあげるのです。

ほめてもらえれば、その友人は喜んで明るい笑顔を見せてくれるでしょう。

その友人の笑顔を見れば、自分もうれしくなり、その日は自分にとって、とても「良い日」になるのです。


子供の喜ぶ顔が、母親の一日を「良い日」にする。

ほめ上手な人は、日々幸せな気持ちで生きていける

「人をほめる」ということには、良い効果がたくさんあります。

ほめてもらえれば、その相手もうれしく感じると思いますが、実は、ほめる側の人にもいいことがたくさんあるのです。

たとえば、一般的に、次のようなことがよく言われます。

＊ほめ上手の人は、人から好かれる。

＊ほめ上手な上司は、多くの部下から慕われる。

＊ほめ上手の人がいる家は、家庭円満。

ほめられた人は、ほめてくれた人に自然と好意や親しみの感情を持ちます。

自分をほめてくれた人に対して、「この人は、私のことをわかってくれているん

だ」という安心感と信頼感を抱くものなのです。

ですから、ほめ上手な人は、人から好かれます。

きっと、いい友人ができるでしょう。

ほめ上手の上司は、部下たちから「この人についていきたい」と慕われます。

強いリーダーシップを発揮して、部下たちをまとめていくこともできると思います。

また、家庭の中に、父親でも母親でもどちらでもいいのですが、ほめ上手な人が一人でもいれば、家族みんなが仲良くなれて、その家庭には和気あいあいとした雰囲気ができあがります。

家族の結束も強くなっていきます。

このように、ほめ上手の人には、いいことが一杯あるのです。

そういう意味から言えば、**ほめ上手の人は、一日一日を「良い日」として暮らしていける人だ**とも言えるでしょう。

人をほめることで、円満な人間関係を築いていく。

「人の喜ぶ顔を見たい」という意識を持っておく

仕事をする時にも、「人の喜ぶ顔を見たい」という意識を持っておくことが非常に大切です。

自分が出世することや、自分の収入をアップさせることばかりを考えているのでは、どこかで行き詰まってしまうこともあるからです。

従って、たとえば、

「いいサービスをして、お客さんの喜ぶ顔が見たい」

「一生懸命に仕事をして、取引先が喜ぶ顔が見たい」

「役に立つ商品を開発して、たくさんの人たちの喜ぶ顔が見たい」

という意識を強く持つことが大切です。

自分の利益のことばかり考えて仕事をするよりも、このような**「人の喜ぶ顔を見たい」という意識を持って仕事をするほうが、人に感謝されて、その仕事に対するモチベーションがずっと高まるのです。**

結果的にも、そのほうが、いい仕事ができると思います。

そして、実際に、人の喜ぶ顔を見ることができれば、その人には大きな満足感が生まれるでしょう。

また、「もっとがんばって、もっと喜んでもらいたい」という新たな意欲も生まれてくるのではないでしょうか。

その結果、社内や取引先での評判も高まり、昇進もできるかもしれません。

さらには、収入もアップするかもしれないのです。

そうなれば、その人は、職場で充実した仕事をし、多くの人たちから喜ばれて、まさに「日々是好日」の人生を送っていけると思います。

お客さんに感謝される人の日々は充実している。

お客さんや取引先を満足させることを、第一の目的にする

オーストリアに生まれ、その後、ヨーロッパやアメリカの大学で活躍した経営学者に、ピーター・ドラッカー（1909～2005年）がいます。

彼は、企業経営ということを初めて学問的に取り上げた人物として有名です。ところで、このピーター・ドラッカーは、「企業の目的と使命を定義するとき、出発点はひとつしかない。顧客である。顧客を満足させることが、あらゆる企業の使命であり目的である」と述べました。

わかりやすく言えば、「企業というものが存在する目的や使命は、どのような業種であれ、たとえば小売業であれ、自動車メーカーであれ、オモチャメーカーであれ、共通しているものがある」ということを言っているのです。

それは、ただ、**「お客さんや取引先を満足させることだ」ということです。つまり、みんなから感謝されるということでしょう。**

人によっては、「企業の目的は、利益を上げることだ」と言う人もいるかもしれません。しかし、ドラッカーは、「それよりも、お客さんや取引先を満足させ、喜ばせるほうが大切だ」と指摘しているのです。

お客さんや取引先を満足させることができなければ、その企業からお客さんや取引先は離れていくことになるでしょう。

そうなれば、結局、その企業は利益を上げることはできないのです。

お客さんや取引先を満足させて、感謝されるからこそ、その企業は、収益を上げられ、また利益を得ることもできるのです。

そして、ひいては、その企業で働く人たちも、働きがいを持って「良い日」を送っていけます。

企業は利益よりも、顧客の満足のほうを優先させる。

「感謝される喜び」は、どんな「黄金」よりも価値がある

革命家として活躍した人物に、チェ・ゲバラ（1928〜1967年）がいます。彼はアルゼンチンに生まれましたが、後にキューバへ渡り、キューバ革命に参加して、そしてその革命を成功させました。

当時のキューバは、一部の特権階級が優遇されて、民衆は苦しんでいました。そんな民衆の味方になって、民衆のために貢献したいという熱い意志を持って、彼は革命を成功させたのです。

そんなチェ・ゲバラは、「隣人《りんじん》のために尽くす誇りは、高い所得を得るよりもはるかに大切だ。蓄財できるすべての黄金《おうごん》よりも、はるかに決定的でいつまでも続くのは、人民たちの感謝の念なのである」と述べました。

この言葉にある「隣人のために尽くす」とは、わかりやすく言えば、「身近な人たちの喜びのために貢献する」ということを意味していると思います。

そうすれば、「多くの人たちから感謝の念を示してもらえる」のです。

そして、多くの人たちから感謝される喜びやうれしさは、「蓄財できるすべての黄金」よりもずっと価値がある、ということを指摘しているのです。

言い換えれば、自分の利益のことばかり考えるのではなく、身近な人たちに喜びを与え、貢献することを自分の使命だと考えて、それを実践していくことが大切なのです。

そして、**それが自分自身にとっての、大きな生きる喜びとして返ってくる**、ということです。

身近な人たちから感謝されるということが、一日一日「良い日」を積み重ねていくことにつながるのです。

多くの人から感謝される喜びを知る。

疎外感を解消する方法は、「貢献」にある

「会社にも、家庭にも、自分の居場所がない」と言う人がいます。

この「居場所がない」という言い方は、比喩《ひゆ》的な表現であって、本当に居場所がないわけではなく、

「みんなから大切にしてもらえず、疎外感を感じている」

「周りの人たちに相手にしてもらえなくて、寂しい思いをしている」

ということを言い表しているのでしょう。

もちろん、そのような疎外感をおぼえながら暮らしている人は、「日々是好日」を実感することはできないと思います。

むしろ、「日々是、悪い日」ということになってしまうのではないでしょうか。

では、そのような疎外感を解消するためには、どうすればいいのでしょうか。

ここで、アメリカのプロボクシングの世界で、ヘビー級チャンピオンとして活躍したモハメド・アリ（1942〜2016年）の言葉を紹介したいと思います。

それは、「他者に貢献することは、この地球でのあなたの居場所に払う家賃である」というものです。

まず大切なのは、「周りの人たちに喜んでもらうために貢献する」という意識を強く持ち、それを実践する、ということです。

そうすれば、周りの人たちは、そんな「貢献する人」を大切にしてくれるものなのです。周りの人たちは、「あなたには、ここにいてほしい」と言ってくれるのです。

そういう意味のことを、モハメド・アリは、「この地球でのあなたの居場所に払う家賃である」という言葉で表現しているのです。

周りの人から大切にされてこそ、「日々是好日」を実現できます。


「あなたには、ここにいてほしい」と言ってもらえる人間になる。

日々の「善活」で、「日々是好日」を実践していく

「就活《しゅうかつ》」という言葉があります。

就職するために一生懸命になって活動することを、略して「就活」と言います。

「婚活《こんかつ》」という言葉もあります。

結婚するために、いい相手を見つけるために活動することを意味しています。

ところで、今、「善活《ぜんかつ》」という言葉もあります。

これは、「慈善活動」を略した言葉なのです。

これは、普段から、人のために、社会のために、何か善《よ》いことを積極的に行っていく、ということを言い表しているのです。

そして、実際に、特に中高年を中心に、この「善活」に熱心に取り組む人が増えて

きているようです。

たとえば、会社を定年退職した人が、近所の小学生たちの登下校の見守り活動にボランティアとして参加しています。

あるいは、図書館での、本の読み聞かせ活動などに、やはりボランティアとして参加しています。

そのような地域のボランティア活動に積極的に参加して、人のため、社会のために役立つことをすることに生きがいを見いだしているのです。

人のため、社会のために貢献することは、その本人にとっても、気持ちのいいことです。そして、充実した満足感を味わえるのです。

従って、この「善活」に携《たずさ》わっている人たちは、まさに「日々是好日」の生活を送っていると思います。

社会貢献することは、その人自身の豊かな生きがいになるのです。

自分でもできそうな「慈善活動」に参加してみる。

貢献活動に参加することで、元気に長生きできる

「人のため、社会のために何か貢献したい」という意欲が旺盛で、また、それを実践している人ほど、元気に長生きする人が多い、ということが知られています。

高齢者になっても、「自分が何かの役に立っている。周りの人たちから頼りにされ、また、歓迎されている」という意識を持つことが、日々の生活の良い張り合いになるのです。

また、張り合いを持ってイキイキと暮らしていくことができれば、自然に体調も良くなりますし、心身共に活性化されるのです。

「もっと長生きして、みんなに喜ばれることをやっていこう」という意欲も盛んになっていきます。

また、実際に貢献活動に参加することは、「適度な運動」にもなります。

たとえば、ボランティアの清掃活動に参加すれば、よく歩くことになりますし、また、手足を盛んに動かすことになります。

そこには、人とのつながりも生じます。

同じボランティア活動に参加した人たちと知り合って、楽しくオシャベリをすることにもなります。

そういったことすべてが、精神的にも、肉体的にも、いい刺激になるのです。

もちろん、それが、「日々是好日」の実践にもなります。

その結果、「元気に長生き」ということになるでしょう。

そういう意味では、**高齢者ばかりでなく若い人も、自分ができる範囲で、積極的に「貢献活動」に参加するのがいい**と思います。

そうすれば、一日一日を、楽しく、前向きに暮らしていけるようになります。

慈善活動を通して、たくさんの人と知り合う。

第5章

「良いこと日記」を、日々つけていく

悪いことはすぐ忘れ、良いことをいつまでも覚えておく

日々の生活の中では、いいこともあれば、悪いことも起こります。

人というのは、往々にして、その「悪いこと」ばかりをいつまでも忘れられずに落ち込んだり、怒ってばかりいるようです。

「仕事で怒られた」

「大切なものをなくした」

「人にバカにされた」

「つまらない失敗をした」

といったことです。

このような悪いことを三日も四日も忘れられずに思い悩んでいる人もいます。

しかし、これでは一日一日の生活を「良い日」にしていくことなど不可能でしょう。

人が楽しく幸せに生きるコツの一つに、「悪いことはできるだけ早く忘れ、良いことをいつまでも覚えておく」ということが挙げられます。

頭の中を、良いことを経験した喜びや、楽しさや、感謝で一杯にしながら生きていくのです。

それでこそ、「今日は、とても良い日だった」という満足感を持って、その日一日の生活を終えることができます。

そして、「今日は良い日だった」という満足感があれば、「明日も元気に明るく、がんばろう」という意欲も生まれます。

そうすれば、明日もまた「良い日」にすることができるのではないでしょうか。

一日の生活の中で「良いこと」は必ずあります。それを見つけて、意識して、その良いことをいつまでも覚えておくことが大切です。


「今日は良い日だった」という満足感で、その日を終える。

「良いこと日記」を書く習慣を身につける

悪いことを経験した嫌な思いは、できるだけ早く頭から追い出して、良いことを体験したうれしい思いだけを頭の中に残しておくことは、日々を幸せに暮らしていくための大切なコツになります。

そして、そのように、良いことだけを頭の中に残していく方法の一つに「良いこと日記」を書くということが挙げられます。

その日あった良いこと、感謝の言葉を日記に書き出してみることを、日々の生活の習慣として取り組むのです。

小さなことでも構いません。

「友人にほめられて、うれしかった」

「恋人と楽しい時間を過ごすことができた」
「雰囲気のいいお店を見つけた」
「仕事がうまくいった」
「ランチが美味しかった」

といったように、その日あった「良いこと」をどんどん書き出していくのです。

良いことを書き出すということは、その人の潜在意識に、うれしい感情、感謝の気持ちをどんどんインプットしていくことになります。

そうすると、その人の潜在意識が良い方向へ活性化することにつながるのです。

そして、潜在意識が活性化していくにつれて、その人にはさらに一層良いことが次々にもたらされるようになります。

「良いこと日記」を書くことで、自分の中にそのような好循環を生み出すことができます。それが「日々是好日」という生き方の実践にもなるのです。

「良いこと日記」が、潜在意識に好循環を作り出す。

「良いこと日記」によって、良いことへの感受性が高まる

日々の生活の中で「良いこと日記」を書く習慣を身につけると、「良いこと」についての感受性がとても強くなります。

その結果、今までまったく気づかなかったような「良いこと」に気づくようになるのです。

たとえば、毎日通る道の途中に、庭にバラの花を栽培している家があったとします。

今までは、春や秋に、その家の庭先で美しいバラの花が咲いていたことなどまったく気づかなかったのです。

もちろん、バラの花は目には入っていたのですが、何の感動もおぼえないまま通り

過ぎていたのです。

しかし、「良いこと日記」をつけるようになって、良いことについての感受性が強くなると、「今日は美しいバラの花を見ることができた。おかげで、今日一日とても清々《すがすが》しい気持ちでいることができた。今日はなんて良い日なんだろう」といった今日一日の感謝の思いを強く持てるようになるのです。

このようにして、「良いこと日記」をつける習慣を持つことで、今まで気づかなかったような良いことを日常生活の中でたくさん見つけ出すことができるようになるのです。

その人自身、「私の生活には、こんなに良いことがあふれていたのか」と驚くほどです。

そして、その驚きや喜びと共に、悪いこと、嫌な思いをしたことなどを、自然に忘れ去ることができるのです。

一日の生活には「良いこと」があふれている。

「良いこと日記」がきっかけで、人生が劇的に変わる

「良いこと日記」をつける習慣を身につけることで、人生はいい方向へと画期的に変わっていくことがあります。

ある人が、「良いこと日記」を書くようになりました。

実は、その人は、「良いこと日記」を書く前は、「毎日、嫌なことばかりだ」「生きるなんて、つまらない」「良いことなんて何もない」というネガティブな思いにとらわれてしまうことが多かったと言います。

しかし、「良いこと日記」を習慣にしてから、人生が劇的に変わりました。

まず、一番初めに変わったのは、「日々の生活の中で、良いことを探そうという意識が生まれた」ということです。

道を歩きながら、電車に乗りながら、仕事をしながら、「何か良いことはないか」と好奇心旺盛に、周りを見たり、人の話を聞くようになったのです。

いわば、「良いこと日記」に書き込む「ネタ探し」なのです。

そうすると、自分の一日の生活の中には、実は、たくさんの「良いこと」があることに気づかされたと言います。

それまでは、それに気づかずに、ただ、自分で「嫌なことばかりだ。つまらない生活だ」と思い込んでいたにすぎなかったのです。

たとえば、**好奇心旺盛でいると、人から教養になるようないい話を聞く機会があっただけでも、それがとても良い出来事であったように思えてきます。そして、うれしくなり、前向きに生きていこうという意欲も高まります。**

そういうわけで、「良いこと日記」が、きっかけになって、人生がいい方向へ向かうようになったのです。

好奇心旺盛になって「良いこと探し」をしてみる。

良い自己暗示をかけて、幸せな気持ちで暮らしていく

人間の心というものは、自分が思っている以上に、暗示というものにかかりやすいと言われています。

たとえば、「良いことなんて何もない。つまらない毎日だ」と思い込んでいる人がいます。

自分では、それが現実だ、と考えています。

しかし、それはまったく現実的なものではなく、自分でそう思い込んでいるにすぎないのではないでしょうか。

自分でも気づかないうちに、自分で自分に暗示をかけているのです。

いわば、自己暗示です。

もちろん、「良いことなんて何もない」というのは、悪い意味での自己暗示です。

わざわざ自分で、悪い意味での自己暗示をかける必要はありません。

それは、自分で自分を不幸に追い込んでいるようなものなのです。

どうせなら、良い意味での自己暗示をかけるほうが賢明です。

そのほうが毎日を幸せな気持ちで生きていけます。

「良いこと日記」を書く習慣を身につけるということは、実は、いい意味での自己暗示をかける上で非常に有効な手段なのです。

日々「今日はこんな良いことがあった」ということを書き続けていくうちに、自分という人間は、とても幸福で、恵まれていて、神様から大切にされているように思え、感謝の気持ちが湧いてきます。

そうすれば、気持ちがどんどん明るくなり、また、前向きになっていくのです。

そして、それが「日々是好日」の生き方にもつながるのです。


「良いこと日記」には、いい意味での自己暗示効果がある。

眠る前に、うれしいこと、楽しいことを思い浮かべる

思想家であり、また、多くの本を書いた人物に、中村天風《なかむらてんぷう》（1876～1968年）がいます。

ヨガ哲学を日本に紹介したことでも有名です。

この中村天風は、「寝がけに、考えれば考えるほどうれしくなり、思えば思うほど楽しくなることだけを考えるのがいい」（意訳）と述べました。

なぜ夜眠る前に、そのようにするのがいいのかと言えば、眠る前の時間帯が、いい意味での自己暗示にもっとも適した時間帯だからです。

ですから、中村天風は、この言葉で、自己暗示にもっとも適した時間帯に、「うれしくなること。楽しくなること」を考えるのがいいと勧めているのです。

寝る前に、うれしいこと、楽しいことを思えば、「私は幸福だ。私は恵まれている」という自己暗示が強く働きます。

そうすれば、生きることの自信が強まって、翌日にはまた元気に力強く生きていくことができるのです。

そういう意味では、「良いこと日記」も、夜眠る前に書くのがいいと思います。

日記を開いて、その日にあった良いことを思い出して、それを日記に書いていくだけで、感謝の気持ちが湧いて、うれしくなっていきます。

楽しい気持ちにもなります。

その、うれしい気持ち、楽しい気持ちは、眠りに落ちる寸前まで持続するでしょう。

従って、いい夢も見られるでしょう。

また、ぐっすりと熟睡もできると思います。

その結果、翌朝は、爽《さわ》やかな目覚めを得ることができるのです。

「良いこと日記」は、夜眠る前に書くのがいい。

朝の時間帯に「良いこと日記」を読み返してみる

朝起きて間もない時間帯も、また、いい意味での自己暗示に適した時間帯です。

その時間帯は、潜在意識がまだクリーンな状態にあります。

イライラや怒りや悩みといったネガティブな感情に汚されていません。

とても、きれいでクリアーな状態なのです。

ですから、早朝の時間帯には、いい意味での自己暗示が潜在意識に浸透していきやすいのです。

そういう意味では、早朝の時間帯に、「良いこと日記」を読み返してみることを習慣にしてもいいと思います。

早朝の時間帯に、これまでに書いてきた「良いこと日記」を読み返してみることで、改めて「私の人生には、これほど多くの良いことがある」ということを実感できると思います。

それが強い自信になり、また明るい希望となって、潜在意識の深いところへ浸透していくのです。

その結果、その日一日を前向きに積極的に暮らすことができるのです。

そして、元気に明るく何事にも取り組んでいけるのです。

また、その日、何か嫌なことを経験したとしても、必要以上に思い悩んでしまうことなく、「いい経験をさせてもらった」というようにスムーズに気持ちを切り替えることもできます。

「初め良ければ、終わり良し」とも言います。

そういう意味で、朝起きて間もない時間帯に「良いこと日記」を読み返すことで、潜在意識にポジティブな情報を送り込んでおくことも大切です。

朝の時間帯は潜在意識がまだクリアーな状態にある。

「悪いこと」を「良いこと」に書き換えることができる

もちろん、日々の生活の中では、悪い出来事を経験することもあるでしょう。

しかし、それをそのまま「悪いこと」として「日記」に書き込むことはありません。その「悪いこと」を「良いこと」に転換して日記に書き込むという方法もあるのです。

それでこそ、その日記は、「良いこと日記」になります。

たとえば、何か失敗をしたとします。

失敗をしてしまうことは、一般的にはもちろん「悪いこと」でしょう。

しかし、**そこから学び、新たな知識を得て、それを今後の人生に役立てようという意欲を持つことができれば、その失敗はむしろ「良いこと」になるのです。**

ですから、日記には、「こんな失敗をした。落ち込んだ」といった書き方はしないほうがいいのです。

むしろ、「こんな失敗をした。とてもいい勉強になった。この失敗のおかげで、私は一歩成長できたように思う」と書きます。

それでこそ、「良いこと日記」になります。

また、そんな失敗をした日は、その人にとって「好日」になるのではないでしょうか。

自分の失敗のために、誰かに叱られた場合も同様です。

日記に、「叱られた。頭にきた」と書いてしまうのは賢明ではありません。

むしろ、「叱られて、気合いが入った。そういう意味で、叱られて良かった」と書けば、人から叱られることがあったとしても、その日は、それに感謝でき、「良い日」になると思います。

失敗をしても、「いい勉強になった」と考えてみる。

良いことを「書き出す」と同時に「声に出して言う」のがいい

潜在意識にポジティブな情報を効果的に浸透させる方法に「声を出す」というものがあります。

もちろん、日記に良いことを「書き出す」という方法にも、潜在意識にポジティブな情報を浸透させる効果があります。

ただ、それと同時に、「声に出して言う」ことで、潜在意識への浸透効果がさらに高まるのです。小さな声でささやく程度でもかまいません。

具体的に言えば、「良いこと日記」に書いたことを、声に出して言ってみるのです。

たとえば、「今日、みんなから、ほめてもらった」ということを、日記に書き、さらに声に出して言ってみるのです。

さらに、「ほめてもらって、うれしかった。自信がついた」ということも、日記に書き出すと同時に、声に出して言ってみるのです。

そうすることによって、その「うれしい」「自信がついた」というポジティブな感情がさらに一層深く潜在意識に浸透します。

また、早朝の時間帯に「良いこと日記」を読み返す時にも、声に出して読んでみるといいと思います。

声に出して言う時には、小さくてもかまいませんが、明るく元気な声を心がけます。「うれしい」「自信がついた」という言葉を声にするとしても、暗い声の調子で言ってしまったら、かえって潜在意識にネガティブな情報が伝わっていきかねないからです。そうなれば元も子もありません。

ポジティブな言葉を、明るい声で言うことで、生きることに自信がつき、その日をより積極的に開始できるようになるのです。

「うれしい」「自信がついた」と、明るい声で言ってみる。

「良いこと日記」で、いいセルフイメージを持つ

心理学に、「セルフイメージ」という言葉があります。

人は、自分自身に対して、あるイメージを持ちながら暮らしています。はっきり意識することはなくても、なんとなく「私は、こういう人間だ」というイメージを抱いているものです。

実は、その人が幸せに楽しく暮らしていくためには、この「セルフイメージ」がとても大切な要素になるのです。

人によっては、自分自身に対してネガティブなセルフイメージを抱いてしまっている人がいます。

「私は、何をやってもダメな人間だ」

「私は、幸運の女神から見放されている」

といったセルフイメージです。

このようなネガティブなセルフイメージを持っていると、実際にそのイメージ通りにどんどん「ダメな人間」になっていってしまうことが多いのです。

従って、**もし幸福で楽しい人生を実現したいと思うのであれば、自分に対してポジティブなセルフイメージを持つことが大切です。**

「私には、すばらしい能力がある」

「私は、強運を持った恵まれた人間だ」

といったセルフイメージです。

このようなポジティブなセルフイメージを自分自身に根づかせるための有効な方法が、「良いこと日記」を書く習慣を身につける、ということなのです。

そして、それがまた一日一日を「良い日」として生きていくコツになります。

ポジティブなセルフイメージで、人生を変える。

第6章

「少欲知足」で、満足して生きていく

欲張らずに、今日という日に満足して生きる

「日々是好日」、つまり、一日一日を感謝して楽しく幸せに暮らしていくためのコツに、「少欲知足《しょうよくちそく》」があります。

「少欲知足」とは、仏教の言葉です。

「欲を少なくして、足《た》るを知る」とも読みます。

「欲というものを、できるだけ少なくして、満足することを心がけていくこと」という意味を表しています。

「欲を少なくする」とは、もっとわかりやすい言葉に言い換えれば、「欲張らない」ということです。

「もっと、ぜいたくをしたい」と欲張らないことです。

「もっと、美味しいものを食べたい」と欲張らないということです。

「もっと、いい思いをしたい」と欲張らないほうが賢明なのです。

「もっと、もっと」と欲張ってしまうと、結局、大きな欲求不満が溜まっていくばかりです。

自分の欲がすべて満たされることなど、ほとんどありえないからです。

従って、あまり欲張ってしまうと、その日一日をイライラした気持ちで過ごすことになります。

欲求不満から、その日一日が台無しになってしまうのです。

ですから、**できるだけ欲は少なくして、少しでも自分の望みが叶えば「私は幸せ」と満足する心を持つことが大切です。**

満足する心があってこそ、日々を楽しい気持ちで生きていくことができるのです。

望みが叶えば、今日は良い日だったと考えることができるのです。

欲張りすぎるから、欲求不満が溜まっていく。

「幸福」とは、「満足する人」のものである

古代ギリシャの哲学者に、アリストテレス（BC384〜322年）がいます。ソクラテスやプラトンと並んで、古代ギリシャの三大哲学者のうちの一人であるとされています。

ちなみに、プラトンはソクラテスの弟子、このアリストテレスはプラトンの弟子でした。

ところで、このアリストテレスは、「幸福は、満足する人のものである」と述べました。

この言葉は、言い換えれば、「満足することができるからこそ、その人は幸福になれる」ということを指摘していると思います。

では、どうすれば満足することができるのかと言えば、それは、「欲を少なくする」「欲張りにならない」ということなのです。

欲張りにならないように心がければ、一日の生活の中で「満足すること」はたくさん見つかります。

その日のお昼ご飯が美味しかっただけでも、その日一日を満ち足りた気持ちで過ごすことができます。

友人と楽しいオシャベリをする時間が持てただけでも、その日一日を幸せな気持ちで送ることができるのです。

「日々是好日」という生き方を実践するためには、たくさんのお金などいりません。ぜいたく品なども必要ないのです。

ただ**「欲を少なくして、満足する」ということを心がけていくだけでいいのです。**

それだけで幸福になれ、一日一日が「良い日」になっていきます。


幸福になるために、たくさんのお金などいらない。

大切なものは「すでに手に持っている」と気づく

禅の言葉に、「明珠《みょうじゅ》、掌《たなごころ》にあり」というものがあります。

この禅語にある「明珠」とは、「明るく光り輝く真珠《しんじゅ》」のことです。

ただし、この禅語では、本物の真珠のことを指して「明珠」と言っているわけではありません。

この「明珠」という言葉は、「その人にとって、非常に価値がある大切なもの」のたとえなのです。

また、「掌」とは、「手のひら」のことです。

「掌にあり」とは、「手で持っている」ということを表しています。

つまり、「明珠、掌にあり」とは、「非常に価値がある大切なものは、すでに今、手に持っている」という意味です。

人は、往々にして、欲張って、自分が持っていないものばかりを欲しいと考えてしまいます。

しかし、そんなふうに自分が持っていないものばかりを欲しがっていると、いつのまにかに欲の虜《とりこ》になってしまうのです。

何を得ても満足できずに、もっと他にいいものはないかと欲に追い立てられるような生活になってしまいます。

そうなると、欲求不満だけがどんどん大きくなっていって、幸せな気持ちで一日の生活を送ることなどできなくなります。

ですから、**「大切なものを、すでに私は持っている」ということに気づき、そして、その持っているものに満足する気持ちを持つことが大切です。**

今持っていないものばかりを欲しがらない。

身近にある「満足できること」の存在に気づいてみる

不満ばかり口にして暮らしている人がいます。

「つまらない毎日だ」

「面白いことなんて何もない」

「何もかも嫌になる」

といった具合です。

このような人たちは、一日一日の生活の中で、しかも、ごく身近なところに、実は「満足できること」がたくさんあることに気づいていないのでしょう。

手元を見れば、そこには面白そうな本や雑誌が置いてあるかもしれません。

本好きな人は、そんな本や雑誌を読むだけでも、十分に、今日という日を「良い日」にすることができるのです。

道を歩いている時に、足元を見れば、そこには、きれいな花が咲いているかもしれません。

花が好きな人は、きれいな花を見つけただけでも、今日という日に心から満足することができるのです。

そんな身近にある「満足できること」を見落として、手が届きそうもないものばかりを追い求めていると、ついつい口から不満の言葉がこぼれ出てきてしまうのではないでしょうか。

大切なことは、まず身近にある「満足できること」を見つけ出し、それを心から楽しんでみる、見つけたことに感謝してみるということです。

それが「日々是好日」という生き方につながっていきます。

面白そうな本、きれいな花だけでも「良い日」にできる。

「人をうらやましく思う」ということをやめてみる

日々の生活に不満ばかり抱きやすい人の性格的な特徴の一つに、「人をうらやましく思う心理傾向が強い」ということが挙げられます。

「隣の芝生《しばふ》は青い」ということわざもありますが、他人が持っているものが、とにかく、うらやましく思えてきてしまうのです。

たとえば、他人がブランド物のバッグを持っていると、それがうらやましく思えてきて仕方ありません。

そして、自分がそんなブランド物を持っていないこと、また、そんなブランド物を買う金銭的な余裕がないことに強い欲求不満を感じます。

そのために、自分がとてもミジメで恵まれない人間であるかのように思えてきてしまうのです。

そうなると、もう、日々の生活を楽しむことなどできなくなるのではないでしょうか。

結局は、暗い顔をして、不満ばかりを口にするような生活になっていきます。

それでは、「日々是好日」の生活を実践していくことなどできないでしょう。

そういう意味では、人をうらやましく思う気持ちを少し抑えるように意識するほうがいいと思います。

無闇《むやみ》に人をうらやましく思うのではなく、むしろ「自分らしい生活を楽しむ」という意識を強く持つほうが賢明だと思います。

ブランド物など持っていなくても、自分らしい生活を楽しむことができます。

自分らしい生活とはどんなものかをイメージして、それを自分なりの方法で工夫していくこと自体が、とても楽しいのです。

自分らしい生活を楽しむことを意識する。

「高嶺の花」よりも「足下の豆」を楽しむのがいい

日本のことわざに、「高嶺《たかね》の花をうらやむより、足下《あしもと》の豆を拾《ひろ》え」というものがあります。

この言葉にある「高嶺の花」とは、言葉通りにとらえれば、「手が届かないような高い場所に咲いている花」のことです。

ただし、これは比喩《ひゆ》であって、たとえば、セレブと呼ばれるような「ものすごいお金持ちの生活」のたとえなのです。

たとえば、自分の今の収入ではとても経験できないような、豪邸に住み、高級品に囲まれた、ぜいたくな暮らしです。

そのようなぜいたくな暮らしを、うらやましく思う人もいるかもしれません。

しかし、今の自分には実現不可能であるとすると、そんなぜいたくな暮らしをうらやましく思っても、しょうがないのです。

自分がミジメに思えてくるだけでしょう。

ですから、このことわざは、「足下の豆を拾え」と述べているのです。

これは言い換えれば、「身近なところに、生活を楽しむ方法がたくさんある。従って、自分ができる範囲で、生活を楽しんでいくこと」という意味です。

たとえば、親しい友人と楽しい時間を過ごしたり、愛する家族と団らんする時間を過ごす、ということとは、大金がなくても実現可能です。

そのような**「自分の周りにあるもの」に感謝する心を持つことが幸せな生活や楽しい生活につながるのです。**

また、それを実践していくことが「日々是好日」という生き方につながります。

その結果、毎日を「良い日」として暮らしていけるのです。

自分ができる範囲で、生活を楽しむ。

楽しい趣味を持っている人は、不満を溜め込むことはない

人には色々な欲求があります。

「世界中を旅したい」「高級外車が欲しい」「豪邸に住みたい」「高級品を身につけたい」といった欲です。

しかし、もちろん、そのすべての欲求を実現できるとは限りません。

ほとんどの人は、半分以上の欲求は実現できないと言っていいかもしれません。

そういう意味では、もし自分の欲求が満たされなかった状況に直面した時、それにどう対処するかが、「日々是好日」の精神で毎日を楽しく暮らしていくことの重要なポイントになるのです。

人は、一日の生活の中で、「欲求が満たされない」という経験を何度もします。

もし、その度に、いちいち、その欲求が実現されなかったことに対して不満を募《つの》らせているようでは、毎日を楽しく暮らしていくことはできないでしょう。

日々、いら立ったり、落ち込んだり、投げやりな気持ちになって暮らしていくことになるのです。

そういう意味では、**「欲求が満たされない」という事態になった時、その欲求不満を上手に解消するような気分転換の方法を持つことが大切です。**

たとえば、「高級な車が欲しい」という欲求があるのですが、お金がなくて買えないとします。

そういう時、たとえば、「スポーツを楽しむ」「音楽活動を楽しむ」といった趣味がある人は、そのような趣味を楽しむことで、欲求不満を上手に解消できるのです。

その結果、欲求が満たされないことがあっても、日々の生活を楽しめます。

これも「少欲知足」の実践であり、また、「日々是好日」につながります。

気分転換ができる趣味を持つ。

「代償行動」によって、欲求不満を溜め込まないで済む

心理学に、「欲求不満耐性《たいせい》（フラストレーション耐性ともいう）」という言葉があります。

何か「こうしたい」という欲求が満たされないことがあったとしても、そのために不平不満を溜め込んでしまうのではなく、そういう事態を上手に受け流して、日々を楽しく生きていく能力のことを示す言葉です。言い換えれば、この欲求不満耐性が高い人ほど、不平不満を溜め込むことなく、感謝して生きていけるのです。

ところで、この欲求不満耐性を高める方法の一つに、「代償行動」をうまく利用する、ということが挙げられます。

この「代償行動」も心理学用語の一つですが、これには、「ある欲求が満たされなかった時、それに代わる別のもので精神的な満足感を得るための行動」という意味が

あります。

たとえば、今評判の洋食屋さんがあったとします。ある人がその評判を聞きつけて、「私も行ってみたい」と訪ねました。しかし、その洋食屋が休業だったのです。

そこで、不平不満を溜め込んでしまう人もいるかもしれません。

しかし、欲求不満耐性が高い人は、そこで、「ならば、この近所に、他に美味しそうなお店はないか」と、上手に頭を切り替えることができるのです。

そして、その場で、友人に聞いたり、スマートフォンで調べたりしてみます。

その調べるという行為も楽しいことであり、見つかったお店を初めて訪ねてみるという行為もまたワクワクすることなのです。

このように**上手に頭を切り替えることが「代償行動」です。また、このように「不満を楽しみに代えること」ができる人は、日々楽しく暮らしていくことができます。**

「その代わりになること」で、心を満たすのがいい。

高級品を買うよりも、自分らしいものを自分で作る

ある女性が、次のような経験をしました。

彼女は、若い頃、高級ブランドの洋服に強い憧れがありました。

しかし、当時は収入もあまりなく、高級ブランドの洋服にはなかなか手が届きませんでした。

もちろん欲求不満が溜まります。

その欲求不満を解消するために、彼女は、自分で洋服を作ることにしたのです。

洋裁を雑誌などで学び、自分で洋服をデザインし、生地《きじ》を買って、自分の手で洋服を作ったのです。

これは、彼女にとっては、ある意味、高級ブランドの洋服を買えない欲求不満に対

する「代償行動」だったのでしょう。

もちろん、自分で洋服を作るほうが、ずっと安上がりにできます。

彼女の収入でも十分に実現可能でした。

しかも、自分で洋服を作ることは、彼女に大きな楽しみと満足感を与えてくれました。

何事でもそうですが、自分で創意工夫して、自分の力で何かを創造していくことは、精神的な喜びをもたらしてくれるものなのです。

そういう意味で、手作りで洋服を仕上げていくことは、彼女にとっての良い趣味になりました。

また、それによって同じ趣味を持つ、良い友人がたくさんできたのです。

そして今、彼女は、日々楽しく暮らしているのです。

「代償行動」が「日々是好日」の生き方につながることもあります。

欲しいものを「自分で作る」という生き方のほうがいい。

「今あるもの」から「楽しい生活」を発想してみる

精神科医として、また、エッセイストとしても活躍した斎藤茂太は、「今、何がないかより、今、何があるかで発想しよう」と述べました。

欲張りは、今自分が持っていないものをうらやましく思い、今自分が持っていないものばかりを欲しがります。

しかし、結局は、そのために欲に追いまくられて、穏やかな心では生きていけなくなるのです。

そして、欲求不満が溜まっていき、イライラや、怒りや、虚しさ、といったネガティブな感情に振り回されるようになってしまいがちです。

それでは、一日一日を感謝の心を持って、「良い日」として過ごしていくことはできないでしょう。

そういう意味では、自分の手元に「今あるもの」を使って、どんな楽しいことができるかを発想するほうが賢明です。

たとえば、冷蔵庫の中を見てみましょう。

そして、今そこにある食材で、何か美味しいものを作れないかをよくよく考えてみます。

「こんな料理ができる」というアイディアが思い浮かんだら、友人を呼んで、ちょっとしたホームパーティを開いてもいいでしょう。

このようにして、**「今あるもの」から発想して、楽しい生活を作り上げていくほうが、ずっと生産的です。**

また、楽しく、穏やかな生活を実践できるのです。

欲張らなくても、「日々是好日」の生き方を実践できるのです。

「今あるもの」に感謝する。

#「少欲知足」の人は、モノを大切にしていく

「アレも欲しい。コレも欲しい」と欲張って生きている人が、モノを大切にする人なのかと言えば、必ずしも、そうではないケースも多いようです。

「アレも欲しい」という「アレ」を手に入れることができたとしても、それにすぐに飽《あ》きてしまうこともあるでしょう。そして、また別のモノを欲しいと思い始めます。

「コレも欲しい」という「コレ」をせっかく得ることができたとしても、また別のモノが欲しくなって、「コレ」などすぐに捨ててしまうこともあるのです。

そのようなタイプの人は、このようにして、いつまでも「欲」というものに振り回されて生きていくようになります。

充実した「満足感」というものを、いつまでも実感することはありません。

一方で、「少欲知足」を心がける人ほど、「モノを大切にする」という精神が強いように思います。

この「少欲知足」を心がける人は、無闇《むやみ》に新しいモノを欲しがるというよりも、今自分の手元にあるモノに愛着を持って大切に扱っていきます。

そして、大切に扱うからこそ、また一層愛着が募っていき、さらにそのモノを大切にしていきたいという意識が生まれていくのです。

従って家具にしても、洋服にしても、このように愛着を持って大切にしていくことができるのです。すぐに新しいモノに買い替えることなく、長い年月をかけて大切にしながら使っていくのです。

ですから、**この「少欲知足」の人は、いつも満ち足りた気持ちでいられるのです。**

また、毎日を愛着のあるモノに感謝し、充実した気持ちで生きていけるのです。

つまり、そのような人は、「日々是好日」を実践できる、ということです。

今持っているモノに愛着を持って大切にしていく。

第7章

計画を持って、一日一日を大切にしていく

「その日の目標」を掲げて、日々やり遂げていく

朝起きた時などや午前中などの、一日の生活の始まりに、「今日は、こういうことを実現する」という目標を定め、それを確実に達成していくことが、「日々是好日」の生き方につながります。

「目標をやり遂げた」という満足感と充実感を得て、その日を終えることができるからです。

それが、「今日は、良い日だった」という感謝の心を作り出すのです。

従って、日々、その日の目標を何か決めて、その日の生活をスタートするのがいいと思います。

ただし、「その日の目標」というものを、あまり大げさに考えることはありません。

自分なりの、小さな目標であってもいいのです。たとえば、

「今日一日、何があっても、怒らない」

「今日は、一万歩、歩く」

「今日は、誰かに一通、手紙を書く」

「今日はテレビを見ない。読書をする日にする」

といったことでもいいのです。

そして、がんばって、その「その日の目標」を達成するのです。

たとえ自分なりの小さな目標であっても、それをやり遂げた時の満足感は非常に大きいのです。

「やったんだ」と、心からうれしくなります。

その積み重ねが、「日々是好日」の生き方を作っていきます。

「その日の目標」をやり遂げた満足感を味わう。

目標があるからこそ、日々は「意味あるもの」になる

何か目標を持って生活をするということは、人間にとってとても重要なことです。「目標がある」ということ自体、その人にとって生きがいになります。また、生きていく励みにもなるのです。

何の目標も持たないでダラダラと暮らしているのでは、日々の生活がマンネリ化してしまうでしょう。

古代ギリシャの哲学者であるアリストテレスは、「人間は、目標を追い求める生き物である。目標に向かい努力することによってのみ、人生が意味あるものとなる」と述べました。

この言葉にある「人生が意味あるものとなる」とは、言い換えれば、「生きること

に大きな喜びを感じられるようになる。強い生きがいを持って、情熱的に生きていけるようになる」ということだと思います。

そして、そのように「人生を意味あるもの」にするために必要なのは、「目標を持つこと」なのです。

そういう意味で言えば、「日々是好日」の生き方を実現するためには、**日々「今日の目標」を設定し、その目標を絶えず頭に置きながら、その日の生活をがんばっていくことが重要です。**

そんな「今日の目標」がないと、いつもやっていることを、ただ繰り返すだけの日々になってしまいます。感謝の気持ちも湧いてこないでしょう。

誰かから「これをやってください」と言われたことを、ただやっているだけの毎日になってしまう可能性もあります。

これでは、その日を、満足のいく「良い日」にはできないと思います。

日々の生活を意味あるものにするために、目標を持つ。

「目標がある人」は、これだけ伸びていく

「目標を持つ」ということに関して、アメリカの興味深い調査があります。

ある大学の、卒業間近の学生１００人に対して、「あなたは人生に明確な目標を持っていますか？」と尋ねました。

すると、１００人中３人の学生が、「明確な目標がある。しかも、その目標を達成するための行動計画も立てている」と答えました。

一方、残りの97人は、「明確な目標はない」と答えました。

その後、二十年経ってから、アンケートに答えた人たちの調査を実施しました。

すると、学生だった頃、「人生に明確な目標がある」と答えた３人は、「目標がない」と答えていた人たちに比べて、平均して年収が33倍高額だったことがわかった、

というのです。

もちろん人生の価値は「年収」だけで測れるものではないのかもしれません。

しかし、「明確な目標がある人」の年収がそれだけ高かったというのは、その人たちが自分で掲げた「目標」というものを励みにしてがんばり、意欲的に行動し、そして実際に大きな成果を出してきた証《あかし》ではないかと思います。

やはり、**目標を持つということが、その人に多くの恵みをもたらすのではないでしょうか。**

この大学の調査は「人生の目標」についてのものです。

ただし、そんな大きな目標も、一日一日の「今日の目標」の達成を積み重ねることで成し遂げられます。

そういう意味では、まずは、「今日の目標」を達成することを基本にしていくべきなのでしょう。一日一日の「良い日」の積み重ねが、「良い人生」を作るのです。

目標を持つことで、大きな成果を得られる。

自分で決めた、自分ならではの目標を持つ

目標には、二つの種類があります。

一つは、「周囲から要請される目標」です。

たとえば、会社員ならば、会社から「これだけの成果を目標に、がんばってほしい」と命じられます。

これは、「周囲から要請される目標」と言っていいでしょう。

家庭の主婦であっても、夫から、「いつまでに、これをやり遂げておいてほしい」と頼まれることがあるかもしれません。

これも、「周囲から要請される目標」と言っていいと思います。

このような「周囲から要請される目標」を達成するために努力することも、もちろ

ん大切なことです。

しかし、もう一つ、「自分で決める、自分ならではの目標」もあります。

実は、その人自身が充実した人生、満足のいく楽しい日々を送っていくためには、この「自分で決める、自分ならではの目標」が重要な意味を持ってくるのです。

「周囲から要請される目標」を達成すれば、周りの人たちから評価され、本人も満足できるでしょう。

しかし、**心からの満足感や充実感を得るためには、「自分で決める、自分ならではの目標」を立て、そして、それを達成していくことが重要なのです。**

そんな「自分の目標」を達成してこそ、「私には、一人の人間としての存在意義がある」「私は、個性的な生き方をしている」という充実感が得られます。

このような「個人的な人間としての充実感」を得られてこそ、一日一日の生活を、本当の意味で「良い日」にできるのです。

自分の存在意義を高める目標を持つ。

「自己実現の欲求」を満たしてこそ、真の満足を得られる

アメリカの心理学者にアブラハム・マズロー（1908〜1970年）がいます。
このマズローは、「自己実現理論」という学説を打ち立てたことで有名です。
まず、マズローは、「人間の欲求には五つの段階がある」としました。それは、

＊生理的欲求…「食べたい」「寝たい」といった生理的な欲求。
＊安全の欲求…自分の身の安全をはかりたいという欲求。
＊社会的欲求…社会に参加し、社会の中で活動していきたいという欲求。
＊承認の欲求…社会から承認され、また尊重されたいという欲求。
＊自己実現の欲求…自分ならではの能力を発揮したい、という欲求。

この五つの欲求です。

マズローは、この五つの欲求の中で「自己実現の欲求」こそが最終的な目標であり、この「自己実現の欲求」を達成してこそ、その人は本当の意味で生きる喜びを感じることができる、と説きました。

では、どうすれば、この「自己実現の欲求」を満たすことができるのでしょうか。

たとえば、会社や、周りの人たちから要請される目標を確実に達成していけば、「生理的欲求」から「承認の欲求」までは満たされると思います。

会社から要請された売り上げの目標を達成すれば、その会社から承認され尊重もされます。その会社での仕事を通して、社会参加もしていけるでしょう。

会社から支払われる報酬で、食べていけますし、安心して生きていける家も得られます。

しかし、「自己実現の欲求」を満たすためには、周囲から要請される目標とは別に、**自分ならではの能力を発揮することを実現していくことが大切なのです。**

最終的な目標は、「自己実現の欲求」を満たすことにある。

日々の生活の中で、自分ならではの能力を発揮する

アブラハム・マズローが説く「自己実現の欲求」を満たしてこそ、日々の生活を充実したものにしていくことができます。

そういう意味では、どのようにして「自己実現の欲求」を満たしていくかということを考えることが、「日々是好日」という生き方にもつながっていくのです。

たとえば、家庭の主婦であれば、家族から要請される「主婦としての仕事」があります。

それは、家事であり、子育てでしょう。

そのような主婦としての仕事をきっちりとこなしていれば、家庭の中で幸せに暮らしていけるに違いありません。

しかし、それだけでは、一人の人間として生きていく満足感は得られないでしょう。

従って、どこか心の隅に、満たされない気持ちを抱いてしまうのです。

本当の意味で、一人の人間としての存在意義を発揮して、満足のいく日々を送っていくためには、自分ならではの能力を発揮していくことが大切です。

たとえば、「子育てから手が離れたら、自分が好きな日用雑貨を集めて、雑貨屋さんを始めよう」と考える人もいるでしょう。

それが、その人にとっての、自分ならではは能力の発揮の仕方なのです。

そして、そのために、日々、商売の勉強をしたり、店を開いた際に棚に並べるための雑貨を少しずつ集めておくのです。毎日、「今日は、税金の勉強をしよう」「今日は、古くて、きれいなお皿を探してみよう」といった小さな目標を立てて、それを実現するためにがんばるのです。そして、実際に、雑貨屋さんを始めてみるのです。

そうすれば、日々の生活の中で「自己実現」を実感できるようになります。


自分ならではの夢を持ち、それを実現する。

自己実現ができれば、気持ちは満たされる

ある女性には、次のような経験があると言います。

彼女は、あるテレビ局のアナウンサーとして働いていました。

彼女の出演する番組は人気があり、彼女は会社からも高く評価されていました。

自分の仕事に満足もしていました。

しかし、心のどこかに「満たされないもの」があったのです。

彼女には、「自分にしかできないことをやって、もっと自分ならではの活躍をしたい」という欲求がありました。

これが、アブラハム・マズローが説く「自己実現の欲求」です。

そこで彼女は、「弁護士資格を取って、ゆくゆくは、恵まれない人たちの権利を守

るための活動をする」という目標を立てました。

そして、女子アナウンサーの仕事を続けながら、ロースクール（司法試験を目指す人たちのために、法律の勉強を教える学校）に通うようになりました。

そして、司法試験に合格するための勉強を始めたのですが、それからは、日々の生活が一層充実したものになったのです。

現在、彼女は司法試験に合格し、その後は、アナウンサーの仕事を辞めて、かねてより念願だった、弁護士として恵まれない人たちの権利を守るための活動をする、という仕事に従事しています。

自己実現を果たした彼女は、今、一層充実した日々を送っているのです。

人間にとって、「日々是好日」という生き方を実現するためには、やはり、「自己実現の欲求」を満たすことが大事なのです。

「本当にやりたいことは何か」を自問自答してみる。

自主的に目標を設定できる人は、能力を伸ばす

スポーツ心理学では、周囲から求められる目標を達成していくだけの選手は、将来的に大きく飛躍し、大活躍することはできないケースが多い、ということが知られています。

言い方を変えれば、自分が持っている能力を十分に引き出して、大きく飛躍して活躍する選手は、自分ならではの目標を自分で決めて、そして、その目標を達成していこうという自主性を持っている、ということです。

スポーツ選手は、よく、コーチや監督から、「今日は、この練習量をこなすことを目標にしよう」と要請されます。

また、「記録を、このくらい伸ばすことを目標にがんばろう」と言われます。

もちろん、そのようなコーチや監督からの要請に応えていくのは大事です。

しかし、それに加えて、自分ならではの問題意識を持ち、自分ならではの目標を作っていくことがさらに大切なのです。

たとえば、コーチや監督から、「今日は、この練習量をこなすことを目標にしよう」と要請された時、「私は、ここが苦手だから、練習の中で、この苦手な部分を克服できるようにがんばろう」といったように、自分ならではの問題意識や、自分ならではの目標を設定するのです。

単に人から言われたことをやるのではなく、そのような自主性がある選手が、将来的に大活躍する選手になるケースが多いのです。

自分の持っている能力を飛躍的に伸ばし、また、大活躍して充実した日々を過ごすためには、このような**「自分ならではの問題意識を持ち、自分ならではの目標を作っていく」という自主性を持つことが重要です。**

「この問題を解決する」という自分ならではの目標を持つ。

「目標設定理論」で、充実した日々を送る

心理学に「目標設定理論」というものがあります。

どのような目標の立て方をすれば、人のやる気や意欲といったものがもっとも高まるか、ということを説く理論です。

この理論では、次の三つのことが重要なポイントになると言われています。

①やや困難な目標を立てる。

②明確な目標を立てる。

③フィードバックする。

「やや困難な目標を立てる」とは、これまでより多めに努力したり、頭を悩ませて新たな創意工夫をしなければ達成できないようなことを目標にする、ということです。

あまり簡単にできてしまうことを目標にしても、やる気をかき立てることはできないでしょう。

また、今持っている実力では到底実現できないような困難すぎる目標を立ててしまうのも問題があります。途中で挫折してしまう可能性が高まるからです。

「明確な目標を立てる」とは、具体的に、「今日中に、ここまでやる」という目標設定をする、ということです。

具体的な数字や分量、あるいは時間を決めて、目標を設定するのです。

「とりあえず、がんばろう」といった漠然とした目標設定では、意欲は高まりません。

「フィードバックする」とは、立てた目標に対して、どのような結果が出たかを判断し、また次の目標設定に役立てていく、ということです。

その日その日の「今日の目標」を設定する時に、この「目標設定理論」を役立てていけばいいと思います。これも日々を「良い日」にしていくコツになります。

一日の終わりに、目標通りできたか反省してみる。

「一日一生」の精神で、今日という日を大切にする

仏教に、「一日一生《いちにちいつしよう》」という言葉があります。

今日という一日を、自分の一生だと思って生きる、という意味です。

つまり、明日という日があると思わず、今日という日で自分の人生は終わってもいいと考えて、今日という日にできることを精一杯がんばる、ということです。

そのようにして、「一日一日の生活を貴重なものとして大切にしていく」という考え方が仏教にはあるのです。

「日々是好日」という言葉も禅の世界から生まれたものですが、この「日々是好日」も「一日一生」も意味が通じるものがあるように思います。

この「一日一生」の考え方を実生活に役立てていくためにも、一日一日「今日の目

標」を設定していくことが重要になります。

「今日という日を思い残すことなく終えるためには、何をすればいいか」ということを考えながら、今日の目標を設定するのです。

安易に明日に先延ばしするのではなく、むしろ、明日という日などないと覚悟を決めて、「それでは今日、何をすればいいか」ということを考えて、今日という日の目標を設定するのです。

この「一日一生」の考え方を強く意識して、一日一日の目標を持って計画的に実践していくことで、充実した日々を送れるのです。

人は、つい、「明日がある。明後日もある」と、自分の人生が永遠に続いていくように考えがちです。そのために、今日という日を、怠けてダラダラと過ごしてしまうこともあるのです。

ですから、今日しかないと思い、今日という日に感謝して生きることが大切です。

「明日」という日はないと思って、「今日」を生きる。

第 8 章

「好奇心旺盛」に生きて、今日を良い日にする

マンネリ感によって、日々の生活がつまらなくなる

「日々の生活が、つまらない。楽しくない」と言う人がいます。

なぜ、そのようなネガティブな思いにとらわれてしまうのかと言えば、その原因の一つに「マンネリ」が挙げられます。

毎日同じことばかりを繰り返すうちに、精神的にも「マンネリ」に陥《おちい》っていくのです。

たとえば、若い主婦ならば、毎日、「料理をして、掃除をして、子供の保育園への送り迎えをして、パートで働きに行って……」ということの繰り返しです。

会社員ならば、日々、「同じ時刻の電車に乗って、会社に行って、同じような仕事をして、職場では同じ人たちと顔を合わせて……まっすぐ帰宅する」ということの繰

り返しです。

そのような代わり映《ば》えのしない生活をしていくうちに、生きがいや、生きることの楽しさ、喜び、といったものを実感できなくなります。

それに伴って、精神的な励みがなくなって、気持ちが沈みがちになり、ちょっとしたウツ状態になってしまう、という人もいます。

これでは、もちろん、「日々是好日」を実践することはできないでしょう。

このようなマンネリに陥らないようにする。また、陥った時にはそんなマンネリを打破してこそ、「日々是好日」の生き方を実践していくことができるのです。では、具体的にどうすればいいかと言えば、その方法の一つに、「何か新しいことにチャレンジする」ということが挙げられます。

新しいことにチャレンジすることで、気持ちに新鮮な風が吹き込まれて、マンネリ感を吹き飛ばすことができるのです。


マンネリになった心に、新鮮な風を吹き込む。

新しいことにチャレンジして、マンネリを打破する

ある若い女性は、日々、マンネリ感に悩んでいました。

彼女は大学を卒業して五年になるのですが、就職した会社の仕事にも慣れ、それに伴って、入社した当初の新鮮な気持ちもだんだんと弱まっていきました。

その上、担当している仕事の内容が少し単調なものなので、どうしても気持ちがマンネリになってしまうのです。

自宅に帰っても、夕食を食べ、お風呂に入って、寝るまでテレビを見たり、スマートフォンを操作したりしている、という毎日です。

これといった楽しみもありません。

このようなマンネリ状態から、彼女は、「何だか、毎日がつまらない。生きている

って実感がない」と思うようになってしまったのです。

そんな彼女は、「このままではいけない」と、マンネリを打破するために、何か新しいことにチャレンジしてみようと思うようになりました。

そこで始めたのが、ジャズダンスでした。

ダンス教室に入会し、そこで行われているジャズダンスのコースに週に二回通うようにしたのです。

その結果、気持ちよく体を動かして、いい汗をかくことで、気持ちがリフレッシュするようになりました。また、そのダンス教室で知り合った人たちとの交流も、彼女にとっては楽しい刺激になりました。

その結果、会社での仕事は変わらないのですが、**ジャズダンスでの楽しい時間がいい刺激になって、彼女はマンネリを打破できたのです。**

そして、一日一日の生活を「良い日」として過ごすことができるようになりました。

気持ちがリフレッシュするようなことをやってみる。

体を動かしていると、気持ちが楽しくなっていく

「楽しい」という言葉があります。

この「楽しい」という言葉の語源が何であるかは色々な説がありますが、その一つに、「楽しい」の語源は「手伸舞《たのしまう》」だという説があります。

この「手伸舞」の「手伸《たのし》」には、「手を伸ばす」という意味があります。

「舞《まう》」とは、文字通り、「舞う」「踊る」ということです。

つまり、「楽しい」とは、「手を伸ばして舞う」ということなのです。

人は楽しい時、自然に体が動き出します。手を伸ばして踊りたい気分になってくるものなのです。

また、逆のことも言えます。

思いっきり手を伸ばして、そして舞ったり、踊ったりしていると、自然に気持ちが楽しくなっていく、ということです。

つまり、それが「楽しい」という言葉の語源に秘められた意味なのです。

実際に、適度な運動で体を動かすと、脳の中で、気分が良くなる脳内物質が盛んに分泌されるようになる、ということも知られています。

そういう意味では、**生活がマンネリになってきて「毎日が、つまらない」と感じている人は、日常生活の中で何か「体を動かす習慣」を作ってもいい**と思います。

スポーツクラブに通うのもいいでしょう。

卓球などの球技に挑戦してもいいと思います。

マラソンでも、ウォーキングでもいいでしょう。

体を動かすだけで「楽しい」という気持ちが生じてきます。

これも「日々是好日」を実践する方法になります。

ウォーキングを、日々の習慣にしてみる。

体を動かさないでいると、気持ちが後ろ向きになっていく

現代人は、デスクワークが多くなっています。

主婦の仕事でも、一般的に、家事は機械化、自動化されています。

今や、掃除機も、人が動かすのではなく、掃除機が自動で動いていくものが普及してきている時代なのです。

そのような結果、現代人は、体を動かす機会が減ってきています。

余暇でも、やはり、体を動かさずに、テレビを見たり、スマートフォンをいじって過ごす、という人が増えてきています。

これは、日本だけの現象ではなく、欧米でも同様です。

たとえば、アメリカやイギリスには、「カウチポテト」という言葉があります。

「カウチ」とは、「ソファ」のことです。

つまり「ソファの上に転がっているジャガイモ」ということなのですが、これは比喩《ひゆ》で、「体をあまり動かさず、ソファの上でゴロゴロしている人」を指しています。

欧米でも、そして日本でも、現代人は、あまり体を動かさなくなっている、ということなのです。

しかし、体をあまり動かさないと、精神的にも悪い影響を及ぼします。

たとえば、訳もなく気持ちが落ち込んだり、また、物の考え方が後ろ向きになっていきやすいのです。

「前向きに、がんばっていこう」という意欲も減退します。

そういう意味では、**何か自分なりに、適度な運動をする習慣を身につけるほうがいいと思います。そうすることで、気持ちも前向きになります。**

運動習慣も、「日々是好日」のコツの一つになります。

適度に運動することが、「日々是好日」につながる。

「流れる水」「開け閉めする戸」のように生きる

「流水腐《りゅうすいくさ》らず、戸枢螻《こすうろう》せず」という言葉があります。

紀元前3世紀頃に作られた、中国の『呂氏春秋《りょししゅんじゅう》』という書物に出てくる言葉です。これは、「呂《りょ》」という名前の当時の政治家が、たくさんの思想家たちの言葉を集めて編纂した書物です。

「流水腐らず」とは、「流れる水は腐らない」という意味です。

「戸枢螻せず」の「戸枢」とは、わかりやすく言えば、「戸を開け閉めする」、「螻せず」とは、「虫に食われない」ということです。

昔は、戸は木製でした。ですから、閉じたままでいると、白アリなどの虫に食われてしまうことがあったのです。

この言葉は比喩であって、実は、人の生き方について述べられているものなのです。

つまり、「流水」のように積極的に体を動かしていれば、心は「腐ることはない」。いつも新鮮な気持ちでいられるのです。

また、心の戸を閉ざして自分の世界に閉じこもっているのではなく、心の「戸を広く開けて」、色々なことに好奇心を持ち、色々なことにチャレンジして楽しんでいけば、心が「虫に食われることはない」ということなのです。

つまり、心が、「ウツ」といった虫に食われることはないのです。

まとめれば、**積極的に体を動かし、好奇心旺盛に色々なことに興味を持って、チャレンジしていけば、楽しくイキイキと生きていける**のです。これも、「日々是好日」を実践するコツです。

好奇心旺盛に、色々なことにチャレンジする。

好奇心旺盛に、またアクティブに生きていく

「好奇心旺盛に生きる」ということが、「日々是好日」という生き方につながっていきます。

「これは面白そうだ。これは楽しいかもしれない」というものを見つけ出し、そして、積極的にそれにチャレンジしていくことで、日々の生活を充実したものにしていくことができます。また、それが、「生きることが、つまらない」というマンネリを打破するコツにもなります。

「面白そう。楽しそう」というものを日々見つけ出していくためには、他分野の情報を積極的に集める意識を持つことが大切です。

たとえば、新聞や雑誌といったものをよく読むようにします。

「何か面白そうなことはないだろうか」と、好奇心旺盛になって、新聞や雑誌を読むのです。

電車の中吊《なかづ》り広告や、街の広告看板などにも、「何か楽しいことはないだろうか」という意識を持って注目するといいでしょう。

色々な分野で活躍している人に会って、その相手の話を聞きながら情報を集めるのもいいと思います。テレビを見て参考にしてもいいでしょう。

そして、その中から、「私もやってみたい。チャレンジしてみたい」というものを見つけ出すのです。また、実際に、その「やってみたい」という思いを実現するために行動を起こすのです。

そのようにして、**好奇心旺盛に、また、アクティブに行動することで、日々の生活が充実したものになります。**一日一日を「今日は、良い日だった」という感謝の気持ちで過ごしていけるようになります。

面白そうなこと、楽しそうなことを探す。

好奇心が旺盛な人ほど、仕事も勉強もできる

「好奇心」ということについて、アメリカで興味深い調査がありました。

好奇心が旺盛な人ほど、健康的で、また、積極的に暮らしている人が多い、というのです。

調査では、好奇心が旺盛な人を五年間にわたって調べました。

その結果、次のようなことがわかったのです。

＊好奇心が旺盛な人は、他の人たちに比べて、ガンや心臓病などの重い病気にならず、元気に暮らしている人の割合が多かった。

＊好奇心が旺盛な人ほど、これまで行ったことがない場所へ行く機会が多く、また、未知の人と知り合って、新しい友人などを作っていく傾向が強かった。

＊好奇心が旺盛な人ほど、一般的な人と比べて、仕事や学業などの向上心が強く、また、高い成果を出していた。

＊好奇心が旺盛な人は、一般的な人と比べて、社会的な地位が高く、また、収入も多かった。

つまり、好奇心が旺盛な人ほど、「一日一日を精一杯生きて、充実したものにしたい」「今日という日を、良い日にしたい」という意欲が強いのです。

いわば「一日是好日」という生き方を実践していこうとする気持ちが強いのです。

その結果、日々、イキイキとした気持ちで、積極的に活動しています。また、仕事や家事一本やりになるのではなく、幅広く様々なことに意欲的に取り組みます。

それが、その人の健康を増進し、さらに仕事や学業のアップにつながり、社会的地位の向上にもつながっているようです。

自分の生活の向上のために「好奇心」を役立てる。

一つの好奇心を、新しい好奇心へとつなげていく

好奇心旺盛になることで、日々楽しく暮らしていけます。

また、充実した毎日を過ごしていくことができます。

では、そのように色々なことに良い影響をもたらす好奇心を、どのように育てていけばいいのでしょうか。その方法の一つに、「一つの好奇心を、別の好奇心につなげていく」というものがあります。

たとえば、雑誌を読んでいて、ある観光地の美しい自然の写真が載っていたとします。「あんな美しい自然の中を散策したら、どんなに気持ちがいいことだろう」という好奇心がわき出します。

そして、その観光地を旅行してみることを決心し、その観光地にはその他にどんな

名所があるのかと調べ始めます。

すると、そこには古代遺跡があることがわかります。

そこで、また、その古代遺跡についても調べます。

すると、その古代遺跡から、現在国宝に指定されている土偶《どぐう》が出土したことを知ります。

そこで、また、土偶についても調べます。

すると、近所で、土偶を実際に自分の手で作ってみるというカルチャー教室が開かれていることがわかります。

そこで、「その教室に、私も参加してみようか」という気持ちにもなっていきます。

このようにして、**一つの好奇心を、次々と新しい好奇心へつなげていくのです。**

そうすれば、好奇心は尽きることなく、一日一日の生活を新しい発見に満ちた楽しいものにしていくことができるのです。


新しい好奇心を、芋《いも》づる式に探していくのがいい。

自分なりのテーマを決めて、そのテーマを掘り下げていく

好奇心旺盛に生きていくための方法の一つとして、「自分なりのテーマを設定する」というものがあります。

たとえば、ある芸能人に好感を持ったとします。

そして、「あの芸能人はどんな人なのか、もっと詳しく知りたい」という好奇心にかられます。

その時、「あの芸能人について、もっとよく知る」という、自分なりのテーマが生まれます。

そして、その芸能人について調べていくと、その人はジャズが好きで、休日にはジャズのコンサートに行ったりしている、ということがわかります。

それを知ったことをきっかけに、「ジャズって、どんな音楽なんだろう」ということに好奇心をそそられます。

そこで、実際に自分でもジャズを聴いたり、ジャズの歴史について調べたりします。

すると、ジャズは、アメリカで生まれ発展したということがわかります。

また、当時、人種差別を受けていたアメリカの黒人たちの間で発展してきた、ということがわかります。

そこで、また、「アメリカの黒人たちの歴史について調べる」という、新しいテーマを持って、好奇心旺盛に色々と調べていくこともできるのです。

そういう意味では、**いつも自分なりのテーマを決めて暮らしていくことが大切です。**

自分なりのテーマを持って生きている人は、まさに「日々是好日」の精神で、一日一日を充実したものにしていくことができるのです。

「〇〇について、もっとよく知りたい」というテーマを持つ。

苦手なことを克服する努力が、旺盛な好奇心を育てる

ある人に、何か苦手なものがあったとします。

その際、「私は、あれが苦手だから、いくらがんばっても、どうせダメなんだ」と、最初からあきらめてしまったら、旺盛な好奇心は育っていきません。

「苦手なことを、どうにか克服したい。うまくなりたい」と、あれこれ考えたり、また試してみることで、旺盛な好奇心が育っていきます。

料理が苦手な女性がいました。

彼女は、ある男性と結婚することになりました。

それをきっかけに、「料理は苦手だけど、私の夫になる人のためにも、どうしても上手になりたい」と思いました。

そこで、料理教室に通って料理の勉強を始めたのですが、たくさんの食材を扱って料理を作っていく中で、食材の栄養素と、その健康効果について好奇心をおぼえるようになりました。

たとえば、「ブロッコリーには、どんな栄養素があって、どんな健康効果があるんだろう」といったようにです。

そこで、食材と栄養素についても色々と調べるようになりました。

その結果、彼女は、料理の腕が上達すると同時に、食材の栄養素と健康効果についても、とても詳しくなりました。

そして、今では、結婚した夫と、生まれてきた子供と共に、健康的で楽しい日々を送っています。

もし、この女性が、「料理が苦手だから、がんばっても美味しい料理は作れない」とあきらめてしまっていたら、現在の楽しい日々は期待できなかったかもしれません。

「苦手だから、いくらがんばってもダメ」と決めつけない。

日々好奇心旺盛に「新たな道」を発見していく

好奇心旺盛な人の生活は、マンネリ化してしまうことはありません。

好奇心旺盛な人は、日々新たな発見をし、日々新しい楽しみを見つけ、日々新たな意欲を持って暮らしていくことができるからです。

基本的には、日々仕事をし、同じ家事を繰り返す生活をしているかもしれません。

しかし、その仕事や家事の中で、また、仕事や家事以外のことで、日々新たな発見をし、新しい楽しみを見つけ、新たな意欲を持って生きているので、精神的にマンネリに陥ることはないのです。

アニメ映画を製作するアニメーターとして、また、現在のディズニーランドを創設した実業家として活躍した人物に、ウォルト・ディズニー（1901〜1966年）がいます。

彼は、とても好奇心旺盛な人でした。

そして、「好奇心があれば、いつだって新たな道に導かれる」と述べました。

この言葉にある「新たな道」は、様々な意味に解釈できると思います。

それは、「新たなチャレンジ」でもあるでしょう。

また、「新たな研究のテーマ」でもあると思います。

さらには、「新たな仕事」でもあると思います。

そして、「新たな人生」でもあるのでしょう。

そのような**「新たな道」へ向かって日々前進しているので、ディズニーは気持ちがいつも新鮮だったのです。**

従って、精神的にマンネリ化することはなく、一日一日を「好日」として生きていけたと思います。


「新たなもの」を次々に生み出す人生を実現する。

第9章

楽天的になって、今日を楽しむ

「考えすぎない」「楽天的になる」ことを心がける

「楽天的になる」ということが、感謝の心を持って、「日々是好日」という生き方を実践していくためのコツになります。

何か心配事に心を悩ませ、「もし、うまくいかなかったら、どうしよう」などとビクビクしながら暮らしているようでは、その日一日を「良い日」にすることなどできないでしょう。

暗い気持ちで、やるべきことにも集中できず、一日の大半をただ無駄に過ごしてしまうことになるのではないでしょうか。

そういう意味では、多少心配なことがあっても、「まあ、どうにかなるだろう」と楽天的でいるほうがいいと思います。

楽天的でいるほうが、その日一日を明るく前向きに過ごしていけます。

やるべきことにも集中でき、充実した一日を過ごせるのです。

そのほうが、結果的には、心配していたこともうまく解決することができるのではないでしょうか。

心配性の人の特徴に、「頭で考えすぎる」ということがあります。

頭の中で、「こうなったら、どうしよう。ああなったら、大変だ」と考えすぎて、みずから心配事を自分の頭の中でドンドン膨らませていってしまう傾向があるのです。

そういう意味では、あまり考えすぎないほうが賢明です。

そして、**考えすぎないためには、たとえ難しい問題であっても「何とかなる」と楽天的でいることが大切なのです。**

楽天的でいれば、余計な心配事に振り回されることなく、その日を「良い日」にすることに全力を注げるのです。


考えすぎるから、心配事が膨らんでいく。

心配事など、現実ではない「妄想」だと知る

禅の言葉に、「莫妄想《まくもうぞう》」というものがあります。

「妄想する莫《な》かれ」とも読みます。

この言葉にある「莫かれ」とは、「してはいけない」という意味です。

つまり、「妄想してはいけない」と指摘しているのです。

禅では、「心配事などは、すべて妄想だ」と考えます。

心配事に心を悩ませる人は、「ああなったら、こうなったら……」と考えます。

しかし、その「ああなったら、こうなったら……」ということなど、未だ現実には起こっていないことなのです。

現実に起こっていないことを「ああなったら、こうなったら……」と空想している

にすぎないのですから、それは「妄想」なのです。

従って、禅では、「妄想してはいけない」と教えるのです。

言い換えれば、「先々のことを妄想するよりも、今やるべきことに集中していくことが大切」というのが、禅の考え方です。

心配事に心を悩ませているよりも、今やるべきことがあるはずです。

今、行動に移すべきことがあるはずです。

そのことだけに集中していくことが大事です。

そうすれば、おのずから、心配していたことなど解消されます。

実際には、心配していたことなど何も起こらずに終わってしまうことのほうが多いと思います。

この「莫妄想」という禅の考え方も、感謝の心を持って、「日々是好日」という生き方を実践していく上で参考になると思います。

妄想しているより、今やるべきことをやる。

今日という日を「明日の心配」のために台無しにしない

小説家の武者小路実篤《むしやのこうじさねあつ》（1885～1976年）は、「心配しても始まらないことは、心配しないほうが利口だ」と述べました。

やはり、楽天的でいるほうが、一日一日を幸せに暮らしていける、ということを指摘しているのです。

つまり、楽天的でいることは、「日々是好日」という生き方のコツだということです。

たとえば、明日、何か楽しい野外でのイベントがあったとしましょう。

友人と集まって、川辺でバーベキューをする約束があるのです。

そんな時、前日に、「明日雨になったら、どうしよう。せっかく楽しみにしていたのに、台無しになる」などと心配してしまう人がいます。

明日の天気がどうなるかなど、わかりません。

天気予報があります。しかし、予報が外れることもよくあります。

いくら心配したところで、明日の天気など、わからないものなのです。

そうであれば、「明日の天気」など、「心配しても始まらないこと」なのです。

ですから、「心配しないほうが得」なのです。

それよりも、明日のことは「きっと、いい天気になるだろう」と楽天的に考えて、今日という日を大いに楽しむことを優先するほうがいいのです。

今日という日を楽しむことは、当たり前のことを言うようですが、今日しかできません。今日という大切な日に感謝しましょう。

そんな大切な今日という日を、「明日の心配」のためにつまらないものにすることは、愚かなことなのです。


明日の心配は、明日になってからすればいい。

覚悟を決めて生きていれば、あれこれ心配することはない

江戸時代後期の禅僧に、良寛《りょうかん》（1758〜1831年）がいます。

後半生は、禅寺での生活から離れて、生まれ故郷である現在の新潟県に戻ると、山里に庵《いおり》（粗末な小屋のこと）を作って、そこで清貧《せいひん》の生活を送りました。

子供が好きで、村の子供たちとよく手毬《てまり》をついて遊んだ、といったエピソードで有名です。

この良寛は、「災難にあう時には、災難にあえばよい。死ぬ時には、死ぬがよい。これが災難から逃れる妙法《みょうほう》なのである」（意訳）と述べました。

この言葉は、言い換えれば、「災難にあう前から、災難にあうことをあれこれ心配しない。死ぬ前から、死ぬことを心配しない。そうすれば、心配から心を悩ませたり

することから逃れられる」という意味のことを言っていると思います。

「災難にあう時には、災難にあえばよい。死ぬ時には、死ぬがよい」とは、つまり、そのように覚悟を決めて生きていくことが大切だ、ということです。

「これが災難から逃れる妙法なのである」とは、実際の災難から逃れられるというよりも、覚悟を決めて生きていけば、災難にあうことを心配して心を悩ませることはない、ということを指摘しているのです。

「災難にあったら、どうしよう」と、いくら心配しても、災難にあう時には、災難にあってしまうのです。ですから、**今からジタバタせずに、覚悟を決めて生きていれば、今を安心して生きていける、**ということです。

この良寛の言葉も、「日々是好日」という生き方のヒントになるでしょう。

「災難にあう時には、災難にあう」と覚悟を決める。

「自分には能力がある」と気づく

心配性の人というのは、とかく、先々のことをあれこれ心配して、今に集中することができません。

今日という日に感謝することができないのです。

つまり、「日々是好日」という生き方を実践できないのです。

そんな「心配性の人」には、ある共通した心理傾向があるようです。

それは、一つには、「自分に自信がない」ということです。

生活していく上で、ある問題が生じたとします。

仕事で行き詰まったとか、プライベートの人間関係でトラブルが生じた、といったことです。

そのような時、自分の能力にあまり自信が持てないために、「私に、この問題を乗り越えられるだろうか。きっと、乗り越えられないだろう」と、ネガティブな考えに陥《おちい》ってしまうのです。

そのために、「問題を解決できなかったら、私の立場はどうなってしまうのか」という心配事に悩まされて、心が上《うわ》の空になってしまうのです。

では、その人が、本当に、能力のないダメな人なのかと言えば、決してそんなことはないのです。実際には、問題を乗り越えていけるだけの十分な能力を持っている場合も多いのです。

しかし、残念ながら、本人がそれに気づいていないのです。

大切なのは、本人が、「私には能力がある」と気づくことです。

そうすれば、自分への自信がよみがえって、何か問題が生じても楽天的でいられるでしょう。

自分に自信がないから、あれこれ心配してしまう。

「過去の成功体験」を思い出し、自信を取り戻す

心配性の人が、自分への自信を取り戻し、そして、楽天的に今日という日を楽しむことができるようになるためには、いくつかの方法があります。

その一つは、「過去の成功体験を思い出してみる」ということです。

過去にも、様々な問題に直面し、そしてその問題を乗り越えてきた、という経験があるのではないでしょうか。

たとえば、「学生の頃、就職先がなかなか決まらずにいたが、あきらめずに努力して卒業間際になってやっと就職が決まり、その会社で今、やりがいのある仕事を与えられてがんばっている」といった経験です。

あるいは、「今つき合っている恋人と、過去にケンカして別れそうになったが、仲

直りすることができた」といった経験です。

そのような「過去の成功体験」を思い出すことで、今何か大きな問題を抱えていたとしても、自信を持って臨めるようになります。

楽天的に、「今度も、だいじょうぶだろう」と考えることができるのです。

また、「私には、自分を支えてくれる人がたくさんいる」ということに気づくことも大切です。

自分に適切なアドバイスをしてくれたり、イザという時には力を貸してくれる仕事の関係者や、友人などがたくさんいると気づくのです。

そう気づくことで自信がよみがえり、気持ちを強く持って、問題に対処できるようになるのです。

自信がよみがえれば、心配から思い悩んでいた時間をなくし、今日という日を充実した「良い日」にすることができます。

「自分を支えてくれる人がたくさんいる」と気づく。

「根拠のない自信」が、成功の大きな原動力になる

何の根拠がなくても、「自分への自信」を持つことができます。

いや、むしろ、充実した日々を過ごし、大きな成功を手にするためには「根拠のない自信」が必要になる場合もあります。

現在、大手のＩＴ企業の創業者として活躍している実業家がいます。

彼は高校卒業後、アメリカに留学し、そして日本へ帰国後、二十代半ばで自分の会社を設立して事業を始めました。

長い間、アメリカにいたため、日本には人脈もあまりありません。

もちろん、資金もそれほどはありませんでした。

しかし、彼は、まったく根拠なく、「私は成功者になれる」という自信を持ってい

たと言います。

もちろん、みずから設立した会社を大きくしていく段階では、たくさんの困難に直面しました。

しかし、そんな「根拠のない自信」があったおかげで、悲観的になることなく、楽天的に「どうにかなる」と、がんばってこられたのです。

そして、実際に、大成功者になれたのです。

この事例からわかるように、たとえ「根拠のない自信」であっても、人生には大いに役立つのです。

「根拠のない自信」であっても、それがあることで、人生の様々な問題を乗り越えて、充実した「良い日」を一日一日積み重ねていくことができるのです。

その結果、大きな成功と、生きる喜びを手にできます。

このように「根拠のない自信」が「日々是好日」を作り出すこともあるのです。

「根拠のない自信」でも持っておくほうがいい。

人のことを十分に信頼すれば、心配に悩まされない

将来のことを何かと心配してしまう心配性の人の特徴的な心理傾向の一つに、「他人を信頼できない」ということが挙げられます。

たとえば、誰かに頼み事をしたとします。

仕事を頼んだり、自分の代わりに何かの手続きをしてくれるように頼んだり、自分の代わりに誰かに会って話を進めてくれるように頼んだりします。

そのようなケースで、頼み事をした相手のことを十分に信頼できずに、「あの人は、私が頼んだことをちゃんとやってくれるだろうか。何かトラブルを引き起こしたりするのではないだろうか」と、あれこれ心配してしまうのです。

そのために、自分が今やらなければならないことに集中できなくなったりします。

そうならないために大切なことは、いったん頼み事をしたのであれば、その相手を信頼し、「あの人なら、だいじょうぶだ。ちゃんとやってくれるはずだ」と考えることです。

相手のことを信頼できるかどうかということは、自分自身の意志によって決まります。人を十分に信頼できない人は、相手の能力や人間性を問題にしがちですが、そのような問題ではありません。

自分自身が、「あの人を信頼して、あの人に任せよう」と、腹を決めることが大切です。

実際に、相手を心から信頼していれば、その人は信頼に応えようとがんばってくれるでしょう。

自分も安心して、今日という日を「良い日」にできるのですから、それに越したことはないのです。

腹を決めて、「あの人に任せれば、だいじょうぶ」と信頼する。

無条件に信頼すれば、人は信頼に応えようとする

アメリカの牧師ジョセフ・マーフィーは、「信頼とは、信頼に値する材料があるからするというものではなく、まず先に信頼してしまうことなのである。信頼される人は、それに応えようとする」と述べました。

この言葉にある「信頼に値する材料がある」とは、たとえば、その相手が、すごい能力の持ち主であるとか、すぐれた人間性がある、ということです。

たとえ、そのような「材料」がなくても、誰かに頼み事をする時には、その相手を全面的に信頼して頼むことが大切なのです。

そうすれば、相手は信頼されたことに感謝して、何とか信頼に応えようとしてがんばってくれるものです。

その結果、頼み事をする人は、安心して自分がやるべきことに集中できます。頼み事をする人は、自分がその日を「良い日」にすることだけを考えておけばいいのです。

それにもかかわらず、心配性の人というのは、とかく、相手を信頼できません。

それは、その相手に「信頼に値する材料があるかどうか」を、すぐに疑ってしまう心理傾向があるからでしょう。

しかし、繰り返しますが、そんな「信頼に値する材料があるかどうか」といったことなど気にしなくていいのです。

頼む前から無条件で、心から全面的に相手を信頼することが大切です。

結局は、それが「自分のため」になるのです。

「信頼に値する材料があるかどうか」など気にしない。

日々の生活に「楽しい時間」を取り入れる

「日々是好日」という生き方を実践していくためには、毎日の生活に様々な「楽しみ」を取り入れていくことが大切です。

たとえば、アウトドアでの活動や、美しい自然を観賞することが好きな人は、山や海へ出かける予定を入れます。余裕のある人は、遠くへ旅行してもいいでしょう。忙しくて、海や山へ出かける暇がない時には、近くの公園や川沿いの遊歩道の散策を楽しむという方法もあると思います。

また、楽しそうなイベントを見つけて、それに参加してみるのもいいでしょう。食べ物にまつわるイベントや、遊園地、動物園、水族館のイベント、あるいは、地域で行われるようなお祭りなどに参加してみるのです。

教養を高めるために、著名人の講演会に行くのも、その日一日を楽しいものにすると思います。

音楽が好きな人は、コンサートに行くのもいいでしょう。

また、街中で音楽を演奏している人がいたら、しばらくの間、その音楽に耳を傾けてもいいでしょう。

世の中は、たくさんの「楽しいこと」に満ちています。

日々大変なことはたくさんあると思いますが、あまり難しい顔ばかりしているのではなく、**一日の生活の中で、楽しいことを探し、それを楽しむ時間を作ることも大切です。**

難しい顔ばかりしていたら、生きていくのが嫌になってしまうでしょう。

今日という一日を「良い日」にするために、また、これからの人生に希望を持つために、「楽しい時間」を作っていく必要があります。

自然に接したり、イベントに参加してみる。

「息抜きの時間」を持つようにする

日々の生活の中に、楽しんだり、和んだり、気持ちを解放する時間を作ることは、その日を「好日」にするコツになります。

たとえば、楽器を演奏することが好きな人であれば、それを楽しみます。

ギターやピアノを弾く時間を作るのです。

また、一人で行うのではなく、家族や友人たちと集まって、何人かと一緒に楽器を演奏したり、歌を歌えば、一層楽しい時間を過ごせると思います。

その日を、より「良い日」にできると思います。

また、歌が好きな人はもちろん、カラオケに行ってもいいでしょう。

ダンスが好きな人は、教室や、サークルに入ってダンスを習ってもいいでしょう。

水泳が好きな人は、プールで泳ぐことを日課に取り入れればいいと思います。

サッカーや野球などの社会人チームに参加して、練習や試合をする時間を持つこともいいと思います。

また、落語が好きな人は、寄席や落語会に行ったり、また、ＣＤなどで落語を聴く時間を作ればいいと思います。

他にも何か趣味があれば、それを実践してみるのです。

そのようにして、**日々の生活の中に、楽しい時間を作るのです。**

心が和み、気持ちが解放され、リラックスできる時間を作るのです。

それは、いいストレス解消になります。

嫌なことを忘れられる時間にもなるのです。

そのような、息抜きの時間を作っていくことが、感謝の心を持って、「日々是好日」という生き方をしていくための大切な要素になります。


家族や友人たちと、楽器を演奏してみる。

〈著者略歴〉
植西　聰（うえにし・あきら）
東京都出身。著述家。学習院高等科、同大学卒業後、資生堂に勤務。独立後、人生論の研究に従事し、独自の『成心学』理論を確立。同時に「心が元気になる」をテーマとした著述活動を開始。1995年、「産業カウンセラー」（労働大臣認定資格）を取得。
著書に、『「折れない心」をつくる　たった１つの習慣』（青春出版社）、『「いいこと」がいっぱい起こる！ブッダの言葉』『話し方を変えると「いいこと」がいっぱい起こる！』（以上、王様文庫）、『運がよくなる100の法則』（集英社文庫）、『平常心のコツ』『後悔しないコツ』（以上、自由国民社）、『心が折れそうなとき、そっととなえる魔法の言葉』（学研プラス）、『眠る前に１分間ください。明日、かならず「自分を好き」になっています。』（キノブックス）、『幸運を呼び込む言葉の習慣』（ＰＨＰ文庫）など多数。

毎日をいい日にする！「感謝」のコツ
「日々是好日《にちにちこれこうじつ》」の生き方

2019年９月10日　第１版第１刷発行

著　者　植西　聰
発行者　清水卓智
発行所　株式会社ＰＨＰエディターズ・グループ
〒135-0061　江東区豊洲5-6-52
☎03-6204-2931
http://www.peg.co.jp/

発売元　株式会社ＰＨＰ研究所
東京本部　〒135-8137　江東区豊洲5-6-52
普及部　☎03-3520-9630
京都本部　〒601-8411　京都市南区西九条北ノ内町11
PHP INTERFACE　https://www.php.co.jp/

印刷所
製本所　図書印刷株式会社

ISBN978-4-569-84389-6